普勧坐禅儀提唱

曹洞宗准師家
立花知彦

唯学書房

普勧坐禪儀提唱

目次

序

普勧坐禪儀

普勧坐禪儀提唱

普勸坐禪儀提唱

西原美道居士に捧ぐ

序

原ぬるに

宋国から帰朝された道元禅師は、最初にこの『普勧坐禪儀』を著す。漢文で書かれているその冒頭は、「原」という文字で始まる。宗門では通常「たずぬるに」と読むのが慣例となっている。

比叡山を去った道元禅師の行雲流水の遍歴は、建仁寺の栄西禅師からついに宋国に渡り天童如浄《てんどうにょじょう》禅師(1)に至る。「原ぬるに」の冒頭句は、この遍歴の辛苦が集約されているに違いない。

道元禅師が宋国の天童山で修行しておられたときに、暑い日中、ある典座《てんぞ》(2)和尚の姿を目撃する。典座は佛殿の前で苔《たい》(これを従来、椎茸としているが椎茸ではないだろう)を日に干していた。手に竹杖を携え、頭に笠をかぶっていなかった。日は熱く、地も熱しているなかで、汗流し徘徊し苔を干していた。背骨は弓のように曲がり、眉は鶴のように白く、その辛苦を思った。年を尋ねると六十八歳という。

禅師は尋ねた、「どうして行者《あんじゃ》や人工《にんく》を使わないのか」と。典座は言った、「他は是れ我にあらず」。禅師はまた尋ねる、「老僧は如法ではあるが天日かく熱す、どうしていまなのか」。典座は言う、「更にいづれの時をか待たん」(『典座教訓』より)。

修行は「他は是れ我にあらず」、他人に代わってもらうものでもなく、「更にいづれの時をか待たん」、時を待ってどうするのだ、「いまここ」のことだと言うのである。

本物の修行に触れた道元禅師の修行のさらなる辛苦は、いかばかりであったろうか。

如浄禅師の印可を受け帰朝した禅師は、宋国から何を将来したのかと問われ、「空手還郷《くうしゅげんきょう》(手ぶらで帰ってきました)」と答えたと言われている。まさに「宗乗自在」、本当のことは自ずから在るのだ。『普勧坐禪儀』は、まさに禅師の遺訓であり、また公案なのである。

私の原ぬるに

二十九歳、冬

昭和五十四(一九七九)年十二月六日、敦賀《つるが》に向かう小浜《おばま》線の夜汽車から遠くの灯を見つめていた。涙が止めどもなくあふれてきた。發心寺《ほっしんじ》の摂心からの帰りであった。

その当時、私は一人の意気揚揚《いきようよう》とした坊さんであった。本山での修行を終え、都内の大きなお寺に住み込んでいた。坊さんであることにも何の疑問もなかった。本山では「一所懸命」ということを教えられた。「そんなことはだれでも知っている」という多少の疑問はあったが、それを日々のこととして務めていくことは大変なことでそれこそが修行であると言われれば、「それもそうだ」ということになってしまう。またそれ以上のことを教えてくれる坊さんはいなかった。

あるとき發心寺のことをふと聞いた。「本物の坊さんがいる」。

好奇心だけは旺盛だったので、臘八摂心《ろうはつせっしん》(3)に出かけてみることにした。まるで物見遊山のようでもあった。私の修行の最後の摂心のつもりであった。それが私の本物の修行の入り口になったのである。

小浜は若狭湾の中ほどに位置する古い街である。奈良の東大寺の「お水取り」に水を送る「お水送り」という神秘的な儀式もある。奈良と小浜が地下で水脈がつながっているというのだ。

小浜の冬は季節風で始まる。十二月はちょうどその季節である。気温以上に寒さが感じられる。そんななかに發心寺はあった。しんと静まり返っていたが、四、五十人の修行僧、尼僧、日本人、外国人が一心に修行をしている真っ只中なのであった。寒く、そして足は痛かった。私はその当時、ほとんど坐禅などしていなかったのである。

何の疑問もなかったが、私の「修行の最後」なのだから独参(4)でいろいろ質問してみることにしたのである。發心寺の堂頭《どうちょう》(住職、坐禅指導者)、原田雪溪《せっけい》(5)老師は本堂のずっと奥に坐っていた。禅僧というイメージからはかけ離れていた。そのことが「論破できる」という気持ちを私に起こさせた。私は質問をした。しかしながらそこに思いもかけない答えが返ってきたのだった。

その質問はいま考えてみればつまらない質問である。お坊さんと一般の人がいるなかでお坊さんとはどうあるべきか、というようなことであった。「そんなお坊さんと一般の人との区別などいらない」というような主旨の答えであったと思う。納得できるものではなかった。

控室は一人の年輩のお坊さんと同室であった。坂本宗謙師である。摂心では会話は厳禁である。しかしいろいろな話をした。私にはなぜみんながこんなに熱心なのかという基本的な疑問があった。

師は私が「修行もしないお坊さん」に見えたらしく、あまり話をしたくなかったようである。しかしふと出た出身大学の話題が二人を引き付けた。師も東工大（東京工業大学）出身だったのである。師は一転して發心寺のことを熱く語った。出会いである。

そんななか、すぐに三日が過ぎてしまった。堂頭老師の答えは理解を超えていた。帰り際に独参に行った。

「もう帰りますが、何か私に言いたいことはないでしょうか」と言った。

「そんなものはありませんが、大事なことはあなたがあなた自身になることです」と答えてくれた。

このことも私の理解を超えていた。

「自分自身になる。自分自身になる」とつぶやきながら帰路についた。「でも自分自身は自分自身じゃないか」。

本物の佛教があるとしたら、ここ以外には考えられないという予感がした。そしてそれを目指して熱心に修行する内外男女僧俗を問わない人たちがいた。そのことがうれしくてふと涙が出てしまっていたのである。

暮、東京

東京に帰ってから憂鬱な日が続いた。お寺の住み込みの生活も、いままではなにごともなく過ぎていた。しかし私の中で何かが変わっていたのである。一方にあれだけ坐禅を求めて修行する人たちがいた。それを目の当たりにしてしまったのである。

しかし東京のお寺の日々は、毎日葬式と法事に明け暮れる。同じ佛教とは思えないものがあった。同僚たちと茶飲み話をするのも苦痛になってしまっていた。部屋に籠って發心寺のことばかり考えていた。三日経って決心をした。「發心寺へ行こう」。

「たとえ本物の修行はできなくても、發心寺で修行する人たちの中で最後の修行をしたい。三カ月でも半年でもいいから行ってこよう」。

このことは同僚たちあるいは両親には、まさに「青天の霹靂」であったに違いない。だれにも相談をしなかった。だれに相談してもわかってくれないと思ったからである。住み込んでいたお寺の住職にも伝えた。ここで私の半生でもっとも悔やまれる言葉が私の口をついて出てしまった。

「このお寺では私は単なる趣味人で終わってしまう。發心寺で本物の修行をしたい」。怒られて当然の発言であるが、住職は鷹揚に許してくれた。「恩」というのはこういうことを言うのかもしれない。

發心寺の堂頭に電話をしたら、「来なさい」と言ってくれた。お坊さんが修行するには、いろいろな手続きが普通は必要である。手続きは面倒である。しかしいまも發心寺の人たちは修行しているのである。一刻も早く飛んで行きたかった。翌一月六日から始まる寒《かん》行《ぎょう》托鉢《たくはつ》にはぜひとも参加したかったのである。發心寺も手続きには寛大であった。

正月は自坊のある八王子に帰って準備にあたる。両親にも伝える。この正月をまったく覚えていない。心はもう發心寺にあったのである。

一月五日朝出発。

正月、發心寺

京都から北山を抜けてずっと北に行くと若狭湾に出る。その若狭湾の真ん中に位置するのが小浜である。古くは大陸との交易や北前船で栄えた港町であるが、いまは静かに過去の歴史を伝えている。「海のある奈良」とも呼ばれ、奈良の東大寺に春を告げる「お水取り」は、この小浜での神秘的な儀式「お水送り」によって初めて成立するのである。

發心寺はそんな街のはずれに位置する。毎年、發心寺の修行は托鉢で始まる。いわゆる「寒行托鉢」である。一月六日から二月三日の節分までのもっとも気温の下がる寒中に、毎日小浜市内を托鉢するのである。托鉢には一軒一軒に寄っていく「門《かど》づけ」の托鉢もあるが、寒行托鉢は二列になって道の両側を「ホー、ホー」と大きな声を出しながら歩く。街の人々はその声を聞いて家から出てきて寄進をするのだ。「ホー」というのは「鉢《はつ》盂《う》」といって浄財を受ける鉢のことだというのだが、私には佛道の「法」だということのほうがふさわしいように思える。

冬の日本海側の気候は厳しい。太平洋側とは比べものにならない。季節風が毎日のように雪を運んでくる。晴れることはめったにない。托鉢も必ず合羽を着けて出かける。足は冷たさで感覚を失う。失ったほうがよいのだ。冷たさもわからないのだから。ところが手はいつまでも感覚を失わない。それでも片手は合掌、もう一方は浄財を受ける鉢を持たねばならない。雪と風が手に吹きつける。冷たいというより、痛い。吹雪の日には浄財ごと鉢を落としてしまうこともある。

二時間ほど歩いて休憩となる。發心寺の船大工の檀家さんが工場の休憩所を提供してくれるのだ。なによりもありがたい火である。こんなに火を尊いと思ったことはなかったかもしれない。

「動中の功夫《くふう》、静中の功夫」という言葉がある。坐禅をしているだけが本当の功夫ではない。作務《さむ》をしているときも、托鉢をしているときも功夫なのである。「自分を忘れる」という坐禅の目標からすれば、寒さに堪えるだけで「自分について考える」暇もない寒行托鉢というのは、「動中の功夫」の最高のものであるかもしれない。

こんな寒行托鉢の前日に發心寺に跳び込んでいったのだ。發心寺の堂頭は私に聞こえるように、「あの人は懲りてすぐ帰るよ」と、冗談めかしていつも言っていた。そんなことを言われて帰れるわけがない。いま思えば、それはたぶん堂頭のいつもの作戦だったのである。

こんな寒行の最中でも坐禅は毎日続けられる。独参の鐘も毎日のように鳴る。その頃は外国人の修行僧と、僧となっていない居士《こじ》（僧ではないが修行僧と一緒に修行する人たち）も十人くらいいた。日本人もあわせて全部で二十人くらいであったが、だれもが鐘が鳴ると独参に思い詰めた眼で向かっていった。

最初に同室になったのは、日本語の達者なブラジル人と日本語のできない日系カナダ人の雲水であった。ブラジル人は日本語が驚異的にできた。なにしろ漢和辞典を手に漢文を読むのである。二人とも堂頭との出会いを私に熱く語ってくれた。

僧伽、集まった人々

もともと「僧」という言葉は、サンガという古代インドの言葉が中国語に音訳され「僧伽」となり、さらにつづめられたもので、「集まった人々」という意味なのである。發心寺には本当にさまざまな人たちが集まっていた。

曹洞宗の本山は福井の永平寺と横浜の總持寺である。これらの本山にも大勢の修行僧がいるが、多くは寺院の子弟である。寺に生まれて曹洞宗の大学に通い、それから本山で修行して寺院の住職となるわけである。彼らの中に自分から進んで修行に来たものは少ない。

お寺を継ぐためには修行もしなければならない、ということである。本山に半ば強制的に修行をさせるという「厳しさ」の生まれる由縁でもある。

しかしながら本当の「厳しさ」とは、自分が自分自身に課す「厳しさ」ではないだろうか。その人が自らと向き合い一心に修行しているとき、だれもがその人に強制的になる必要はないのである。發心寺ではだれもが自分自身と向き合っていた。そしてその空気を保っていた。

あるアメリカ人の僧は元バーテンダーだったが、日本に観光旅行で来たときに發心寺に寄って以来、發心寺に住みつくことになった。十数年ぶりにアメリカに帰ったとき元の恋人が待っていたというが、かまわず日本にまた来てしまっていた。

フランス人の僧は、日本に興味を持って宮大工のところで大工の修業をしていたが、ふと坐禅をしたのがきっかけで發心寺に来た。大工道具を一式持っていて發心寺の修繕係となっていた。私もよく鉋の刃の研ぎ方などを教えてもらったものである。

南アフリカから来たテレビ局員は、現地で何を見てきたのか非常に焦燥した目付きで来た。山を駆け回ることがとても好きで、いつも木の実などを持って来てくれた。そうこうしているうちにだんだんと眼も穏やかになり、發心寺でずっと修行したいと言っていた。

しかし当時の南アフリカには人種差別の問題があって各国から非難されていたので、彼に長期のビザはおりなかった。出家すればビザもおりるかもしれないと出家したがかなわず、南アフリカに帰っていった。

あるドイツ人は本名をアドルフといった。戦後のドイツでアドルフは重い名前である。彼はのちに出家したが、名前ゆえのいろいろな問題があったのかもしれないと思う。

それぞれがそれぞれに坐禅に向かっていた。そんななかに一人の日本人(私)が、お気楽にまだ坐禅を続けていた。

道林師、身心脱落

日本人にもさまざまな修行僧、居士がいた。永平寺などではほとんどの修行僧が寺院の子弟で占められているが、当時の發心寺には登校拒否の高校生からアルコール中毒が少しよくなった人、東大を中退してきた人など多彩な人たちが全国から集まっていた。修行僧も寺院の子弟は少なく、いろいろなきっかけで普通の人から修行僧となった人たちが多かった。その中に「道林《どうりん》さん」と呼ばれる一人の修行僧がいた。

暮れの發心寺に初めて来たときの摂心の際、坂本宗謙師が、「あの人がこの中で一番優秀な人だ」と言っていたその人である。「この人が優秀な人?」といぶかしく思ったのを覚えている。いままでに私が出会ったいわゆる優秀な人とは、まったく違っていたのである。

發心寺で「優秀な人」と呼ばれるのは、「見性《けんしょう》」しているということである。「見性」するというのは自分の本性を徹見する、つまり悟りを開いているということである。「見性」とか「悟り」について勝手なイメージを持っていたからかもしれないが、およそそうとは見えない人であった。

「トラックの運転手をしていたんだ」。みなが噂をしていた。本人も否定はしなかった。しかしどうしてここへ来たのだろう、疑問は沸いてくる。部屋を訪ねてみると『白隠禅師息耕録開筵普説講話』などという分厚い本をじっと読んでいる。当時の私にとっては、最初の一行目から何やらちんぷんかんぷんの本である。何かほかの修行僧にはないものが感じられた。

發心寺の堂頭老師との出会いは大きい。しかし發心寺の堂頭老師から法を伝えられた人が目の前にいるということは、私にとってもっと大きなことであったかもしれない。法が実際に伝わっているのである。

道林師は、いつもいろいろな祖録の一節を大きな声でつぶやきながら歩いていた。そのときも道林師はつぶやきながら向こうからやって来た。そしてすれちがった。

「身心脱落、脱落身心」。

これは道元禅師が師匠の如浄禅師に述べたと言われる言葉である。この言葉がしばらく耳に残った。

「身心脱落、脱落身心？」

このとき私の中で何かが転回するのである。「要するに自分自身がどうなんだということなのだ」。

それまでは「禅」とか「悟り」とかは、探求すべき対象物であった。「でもそうではないのだ」。

四月、摂心

發心寺では、四月から六月までと十月から十二月までの月初めの七日間、摂心修行が務められる。摂心は接心とも書き、朝起きてから夜床につくまでずっと坐禅三昧の日を過ごす。普段の發心寺の生活には、作務と言って屋内の清掃や、庭の草取りをしたり、薪を割ったりいろいろな仕事があるが、それも摂心のあいだは坐禅になる。文字どおり自分自身の心に接する大修行なのである。

北陸の春は四月初めにはまだ来ていない。花もなく、肌寒いなかに粛々と摂心は始まる。独参の鐘は一日に何回も鳴り響き、大勢の修行僧が張り切って出かけていく。みな摂心になると眼が真剣になっていく。心に期すものがあるようだ。

独参では堂頭老師と一対一で向き合う。坐禅の質問をするのもよいが、普通は自分の見解を述べて正邪を問う。それぞれが坐禅とはこういうものだと思い込んでしまっていることには、なかなか自分自身では気づきにくいものである。それらが指摘されていくなかに、修行の方向が見極められていくのである。

私のなかにも密かに期するものがあった。何かに気づいていることは確かである、それを独参でぶつけてみようと。独参の鐘が鳴る。我先にと出て行く人もいる。私はこう言おうと決めているものがあった。心の中でそれを繰り返してみる。いよいよ私の番である。順番を待っているところからずっと奥に堂頭老師は坐っている。礼拝して目の前に坐りそして言った。

「身心脱落し来る」。

この言葉は、道元禅師が師匠の如浄禅師に認められたと言われている言葉である。言葉に間違いはない。

「いいですねぇ」。

意外な言葉が返ってきた。もうこれでよいということか、こんなものでもういいのか、という考えがふと頭をよぎる。そのとたんにまた言葉が飛んで来た。

「でも、いつ脱落しました?」

いつと言われても、と思う。言葉に詰まる。詰まっているとまた言われた。

「門より入る者は家珍《かちん》にあらず、縁《えん》に従《よ》りて得る者は始終成壊《しじゅうじょうえ》す」。

『無門關』[6]の序の言葉である。

四月、摂心はつづく

「門より入る者は家珍にあらず、縁に従りて得る者は始終成壊す」。

「門から入ってきたものはその家の本当の宝物ではない、また因縁によって得たものは必ず失われる」ということは、学んで得たもの、研鑽して積み重ねてきたものはその人の本当の宝ではない、そういうものは必ず失われてしまうということなのである。さらに進んで言えば、「身心脱落」が得たものであったならば、それは真の「身心脱落」ではないというのである。

やはりそうか、と思う。禅なんてそんなあまいものではないはずだとも思う。まだこの發心寺に来てから四カ月も経っていない。昔の祖師方には二、三十年も修行された方が大勢おられる。そんなに簡単に見性できるはずがないのだ。

發心寺の摂心には、各食後に空いた時間が一時間ほどある。もちろんその間も坐禅に専念する人たちも多い。摂心中は会話や外出は厳禁であるが、部屋で過ごしたり、境内の散歩をしたりする人たちもいる。

北陸の四月はまだ春とは言えない日が多いが、その日は珍しく晴れていた。太陽のない長い冬を過ごした者には、太陽は本当にありがたく見えるものである。鐘楼のそばに小さな花壇があって、そこはひなたぼっこの絶好の場所であった。

堂頭老師の言葉の余韻があるなか、冷え切った身体を温めようとそこに行った。太陽がまぶしくふりそそぎ、花壇にも園芸種の花がいくつか咲いていた。蝶もわずかな花を求めて飛んでいた。空気はまだ冷たかったが、それは春の日であった。

そのときふと思ったのである。

「家に帰ろう」。

思えば、当初の目的は發心寺の修行僧の中で修行をしたいということだったはずである。坐禅を自分のものにしたいなどとは思ってもみなかった。とりあえず当初の目的は達成したのである。禅ということもまわりの人たちに触発されて自分なりに一所懸命になってみたが、しょせん付け焼き刃のようなものであった。

外にはこんなに明るい春の日がある。坐禅などということは忘れて、この春の日の中を生きていくのだ。「これで家に帰ることができる」。

休みの時間も終わり、心も軽くなって摂心に戻っていった。まだまだ摂心は続くのである。しかしあとで考えれば、この瞬間が坐禅の本当の入り口だったのである。

四月、摂心の口宣

もうお気楽なものである。なにしろふんぎりがついていたのである。この發心寺のように一心に修行を続けておられる尊い方々がおられる。そういう人たちをよりどころとして、私の坊さんとしての存在も保証される、そんな勝手な考えであったように思う。

人はいつも存在理由を求めてしまう。人生の意味を求めてしまう。それがたとえ砂上の楼閣のようなものであっても、自分自身がその気になってしまえばよいのである、自分自身をだましてしまえばよいのである。そしてだましたことにさえ気づかなくなっていく。確固たる存在理由のためには、だましていることに気づかないことが重要になる。だからこそ何でもない自分自身、「本来の自己」に気づきようがないのである。

そんなところに堂頭老師の口宣《くせん》が飛んできた。口宣というのは、摂心や坐禅の最中に祖師方のエピソードとか祖録の話とか諸注意とかを手短に話すことである。当時の發心寺では、一日に一、二回、口宣があった。

「この中にわかりかけてきた人が何人かいる。そのわかったところを捨てて坐りなさい」というようなことであった。

「わかりかけてきた人?」、「何人か?」……、「わかりかけてきた人」の「何人か」とはだれだろう。まさか私ではないだろう……。でも独参で「いいですね」と言われた……。

發心寺の雲水も外部から摂心に参加した僧も一般の人も、独参で我先にと争うように出かけていく。しかし堂頭老師に何を言われたのか帰りの足は重い。しょんぼりとしてとぼとぼ帰っていく様子だ。何を言われたのか知らないがあんなにしょんぼりすることもないじゃないか、とも思っていた。だからその人たちと私は違うとも思っていた。

もしかしたら私はその「何人か」なのかもしれない……。そういう思いが一瞬頭をかすめたのである。

一度坐禅のことはあきらめた身である。もちろんだめでも失うものはないのである。もう一度独参に行ってみるか……、もう一度独参に行ってみよう……。

独参、独参、独参

それからは独参の始まりの鐘、喚鐘《かんしょう》が鳴り始めると、必ず独参に赴いた。しかしながら来る日も来る日も埒があかない。何を言ってもだめであった。出版されている臨済宗の公案の解答集の解答を持っていったこともあるが、「それはここでは通らない」と簡単に言われてしまったのである。いつしか四月の摂心も終わっていた。

發心寺の日常の生活は、一日中、作務という作業に明け暮れる。薪を割ったり、畑仕事をしたり、墓地の草刈りをしたり、なかなかの労働である。そして朝と夜に坐禅を二、三時間する。そのときにも独参の鐘は鳴る。

月に三回午前中、市内に托鉢に出る。そんななかでも頭は独参のことでいっぱいだった。何を独参に持っていったらよいのか。祖師方の故事来歴もしらみつぶしに調べた。竹に小石が当たって悟ったという故事や、石につまずいてその痛みで悟ったという故事から、何か転機のようなものが来ないものかと待ちわびたこともある。

しかしそんなものは来るはずがないのである。他人の故事を探ってみても、それはあくまでも他人のことなのである。坐禅はあくまでも自分自身のことなのだ。そのことをすっかり忘れてしまっていたのである。

そのようなときにも、堂頭老師は口宣で私を励ましてくれているようであった。少なくとも私にはそう聞こえた。「柿は熟したら必ず落ちる。自分という力を用いなければ必ず落ちる。この中にはもう落ちようとしている人がいる」。

日々の独参も過ぎてゆき五月の摂心も始まっていた。

いつしか坐禅が自分のものとなっていた。「肯心《こうしん》みずから許す」という言葉がある。それは最後には悟ったということを他人が認めるのではなくて、自分自身で確信する、ということである。それは間違いようのないものであった。

独参に行って三拝して堂頭老師の前に坐った。堂頭老師はしばらくして「しっかり坐ってください」と言った。私は三拝をして退いた。

普勧坐禪儀

普勧坐禪儀

道元禅師著。道元禅師が宋から帰朝早々、嘉禄三（一二二七）年に撰述したもの。開教伝教最初の垂訓であるとともに、坐禅を宗旨とする宗綱の提唱で、坐禅をもって佛道の正門とし、佛道を学ぶすべての人に履践させるためにその儀則を示した宗義の根本書である。七五六字の短編であるが、四《し》六《ろく》駢儷《べんれい》体《たい》で、洗練された格調を具えている。流布本以外に草案本と思われる永平寺所蔵の親筆本があり、国宝に指定されている。

（『禅学大辞典』より（一部改変））

原《たず》ぬるに夫《そ》れ　道本《どうもと》圓通《えんづう》　爭《いかで》か修證《しゅしょう》を假《か》らん　宗乘《しゅうじょう》自在《じざい》　何《なん》ぞ功夫《くふう》を費《ついや》さん　況《いわ》んや　全體《ぜんたい》迥《はる》かに塵埃《じんあい》を出《い》ず　孰《たれ》か拂拭《ほっしき》の手段《しゅだん》を信《しん》ぜん　大都《おおよそ》　當處《とうじょ》を離《はな》れず　豈《あに》修行《しゅぎょう》の脚頭《きゃくとう》を用《もち》うる者《もの》ならんや　然《しか》れども　毫釐《ごうり》も差《さ》あれば　天地《てんち》懸《はるか》に隔《へだ》たり　違順《いじゅん》纔《わず》かに起《おこ》れば　紛然《ふんぜん》として心《しん》を失《しっ》す　直饒《たとい》　會《え》に誇《ほこ》り悟《ご》に豐《ゆた》かにして　瞥地《べっち》の智通《ちつう》を獲《え》　道《どう》を得《え》　心《しん》を明《あきら》めて　衝《しょう》天《てん》の志氣《しいき》を擧《こ》し　入頭《にっとう》の邊量《へんりょう》に逍遙《しょうよう》すと雖《いえど》も　幾《ほとん》ど出身《しゅっしん》の活路《ろ》を虧闕《きけつ》す　矧《いわ》んや　彼《か》の祇園《ぎおん》の生知《しょうち》たる　端坐《たんざ》六年《ろくねん》の蹤跡《しょうせき》見《み》つべし　少林《しょうりん》の心印《しんいん》を傳《つた》うる　面壁《めんぺき》九歳《くさい》の聲名《せいめい》尚《なお》聞《き》こゆ　古聖《こしょう》既《すで》に然《しか》り　今人《こんじん》盍《なん》ぞ辨《べん》ぜざる　所以《ゆえ》に須《すべか》らく言《こと》を尋《たず》ね語《ご》

を逐《お》うの解行《げぎょう》を休《きゅう》すべし　須《すべか》らく回光返照《えこうへんしょう》の退歩《たいほ》を學《がく》すべし　身心自然《しんじんじねん》に脱落《だつらく》して　本來《ほんらい》の面目現前《めんもくげんぜん》せん　恁麼《いんも》の事《じ》を得《え》んと欲《ほっ》せば　急《きゅう》に恁麼《いんも》の事《じ》を務《つと》めよ　夫《そ》れ參禪《さんぜん》は靜室《じょうしつ》宜《よろ》しく飲食節《おんじきせつ》あり　諸縁《しょえん》を放捨《ほうじゃ》し　萬事《ばんじ》を休息《きゅうそく》して　善惡《ぜんあく》を思《おも》わず是非《ぜひ》を管《かん》すること莫《なか》れ　心意識《しんいしき》の運轉《うんてん》を停《や》め　念想觀《ねんそうかん》の測量《しきりょう》を止《や》めて　作佛《さぶつ》を圖《はか》ること莫《なか》れ　豈坐臥《あにざが》に拘《かかわ》らんや　尋常《よのつね》坐處《ざしょ》には厚《あつ》く坐物《ざもつ》を敷《し》き　上《うえ》に蒲團《ふとん》を用《もち》う　或《あるい》は結跏趺坐《けつかふざ》或《あるい》は半跏趺坐《はんかふざ》　謂《いわ》く　結跏趺坐《けつかふざ》は　先《ま》ず右《みぎ》の足《あし》を以《もつ》て左《ひだり》の䏶《もも》の上《うえ》に安《あん》じ　左《ひだり》の足《あし》を右《みぎ》の䏶《もも》の上《うえ》に安《あん》ず　半跏趺坐《はんかふざ》は　但《た》だ左《ひだり》の足《あし》を以《もつ》て右《みぎ》の䏶《もも》を壓《お》すなり　寛《ゆる》く衣帶《えたい》を繫《か》けて　齊整《せいせい》な

らしむべし　次《つぎ》に右《みぎ》の手《て》を左《ひだり》の足《あし》の上《うえ》に安《あん》じ　左《ひだり》の掌《たなごころ》を右《みぎ》の掌《たなごころ》の上《うえ》に安《あん》じ　兩《りょう》の大拇指《だいぼし》面《むか》いて相拄《あいささ》う　乃《すなわ》ち正身端坐《しょうしんたんざ》して　左《ひだり》に側《そばだ》ち右《みぎ》に傾《かたむ》き　前《まえ》に躬《くぐま》り後《しりえ》に仰《あお》ぐことを得《え》ざれ　耳《みみ》と肩《かた》と對《たい》し　鼻《はな》と臍《ほぞ》と對《たい》せしめんことを要《よう》す　舌上《したうえ》の顎《あぎと》に掛《か》けて　唇齒《しんし》相著《あいつ》け　目《め》は須《すべか》らく常《つね》に開《ひら》くべし　鼻息《びそく》微《かす》かに通《つう》じ　身相《しんそう》既《すで》に調《ととの》えて　欠氣《かんき》一息《いっそく》し　左右《さゆう》搖振《ようしん》して　兀兀《ごつごつ》として坐定《ざじょう》して　箇《こ》の不思量底《ふしりょうてい》を思量《しりょう》せよ　不思量底《ふしりょうてい》如何《いかん》が思量《しりょう》せん　非思量《ひしりょう》　此《こ》れ乃《すなわ》ち坐禪《ざぜん》の要術《ようじゅつ》なり　所謂《いわゆる》坐禪《ざぜん》は習禪《しゅうぜん》には非《あら》ず　唯《ただ》是《こ》れ安樂《あんらく》の法門《ほうもん》なり　菩提《ぼだい》を究盡《ぐうじん》するの修證《しゅしょう》なり　公案現成《こうあんげんじょう》　羅籠《らろう》未《いま》だ到《いた》らず　若《も》し此《こ》の意《い》を得《え》ば　龍《りゅう》の水《みず》

を得《う》るが如《ごと》く　虎《とら》の山《やま》に靠《よ》るに似《に》たり　當《まさ》に知《し》るべし　正法《しょうぼう》自《おのずか》ら現前《げんぜん》し　昏散《こんさん》先《ま》ず撲落《ぼくらく》することを　若《も》し坐《ざ》より起《た》たば徐徐《じょじょ》として身《み》を動《うご》かし　安詳《あんしょう》として起《た》つべし　卒暴《そつぼう》なるべからず　嘗《かつ》て観《み》る　超凡越聖《ちょうぼんおつしょう》　坐脱立亡《ざだつりゅうぼう》も　此《こ》の力《ちから》に一任《いちにん》することを　況《いわ》んや復《また》　指竿針鎚《しかんしんつい》を拈《ねん》ずるの轉機《てんき》　拂拳棒喝《ほっけんぼうかつ》を擧《こ》するの證契《しょうかい》も　未《いま》だ是《こ》れ思量分別《しりょうふんべつ》の能《よ》く解《げ》する所《ところ》に非《あら》ず　豈《あに》神通修證《じんつうしゅしょう》の能《よ》く知《し》る所《ところ》とせんや　聲色《しょうしき》の外《ほか》の威儀《いいぎ》たるべし那《なん》ぞ知見《ちけん》の前《さき》の軌則《きそく》に非《あら》ざる者《もの》ならんや　然《しか》れば則《すなわ》ち　上智《じょうち》下愚《かぐ》を論《ろん》ぜず　利人鈍者《りにんどんしゃ》を簡《えら》ぶこと莫《なか》れ　專一《せんいつ》に功夫《くふう》せば正《まさ》に是《こ》れ辨道《べんどう》なり　修證《しゅしょう》自《おのずか》ら染汚《ぜんな》せず　趣向《しゅこう》更《さら》に是《こ》れ平常《びょうじょう》な

る者《もの》なり　凡《およ》そ夫《そ》れ　自界他方《じかいたほう》　西天東地《さいてんとうち》　等《ひと》しく佛印《ぶつちん》を持《じ》し　一《もっぱ》ら宗風《しゅうふう》を擅《ほしいまま》にす　唯打坐《ただたざ》を務《つと》めて　兀地《ごっち》に礙《さ》えらる　萬別千差《ばんべつせんしゃ》と謂《い》うと雖《いえど》も　祇管《しかん》に參禪辨道《さんぜんべんどう》すべし　何《なん》ぞ自家《じけ》の坐牀《ざじょう》を抛却《ほうきゃく》して　謾《みだ》りに他國《たこく》の塵境《じんきょう》に去來《きょらい》せん　若《も》し一歩《いっぽ》を錯《あやま》れば　當面《とうめん》に蹉過《しゃか》す　既《すで》に人身《にんしん》の機要《きよう》を得《え》たり　虛《むなし》く光陰《こういん》を度《わた》ること莫《なか》れ　佛道《ぶつどう》の要機《ようき》を保任《ほにん》す　誰《だれ》か浪《みだ》りに石火《せっか》を樂《たのし》まん　加以《しかのみならず》　形質《ぎょうしつ》は草露《そうろ》の如《ごと》く　運命《うんめい》は電光《でんこう》に似《に》たり　倏忽《しゅくこつ》として便《すなわ》ち空《くう》じ　須臾《しゅゆ》に卽《すなわ》ち失《しっ》す　冀《こいねがわ》くは其《そ》れ參學《さんがく》の高流《こうる》久《ひさ》しく模象《もぞう》に習《なら》って　眞龍《しんりゅう》を怪《あや》しむこと勿《なか》れ　直指端的《じきしたんてき》の道《どう》に精進《しょうじん》し　絶學無爲《ぜつがくむい》の人《ひと》を尊貴《そんき》し　佛佛《ぶつぶつ》の菩提《ぼだい》に合沓《がっとう》し　祖《そ》

祖《そ》の三昧《ざんまい》を嫡嗣《てきし》せよ　久《ひさ》しく恁麼《いんも》なることを為《な》さば　須《すべか》らく
是《こ》れ恁麼《いんも》なるべし　寶藏《ほうぞう》自《おのずか》ら開《ひら》けて受用《じゅよう》如意《にょい》ならん

普勧坐禅儀提唱

ここに収めるのは、松門寺月例坐禅會での提唱です。

月例坐禅會は毎月第二日曜日に開かれ、冒頭に二十分ほど提唱があります。その後、四十五分ずつ二炷の坐禅があり、その間、独参がおこなわれます。その後、『正法眼藏』についての提唱、茶話会がつづきます。

毎月第四土曜日には月例の夜坐があり、年に二回ほど一泊二日の摂心もおこなわれます。

坐禅堂は、内単二十八席、外単十六席からなり、坐禅堂入口そばには、道元禅師自筆の『普勸坐禪儀』の写しが掛けられています。

【提唱・二】　宗乗自在　何ぞ功夫を費さん

原《たず》ぬるに夫《そ》れ　道本圓通《どうもとえんづう》　争《いかで》か修證《しゅしょう》を假《か》らん　宗乗自在《しゅうじょうじざい》　何《なん》ぞ功夫《くふう》を費《ついや》さん
況《いわ》んや　全體《ぜんたい》迥《はる》かに塵埃《じんあい》を出《い》ず　孰《たれ》か拂拭《ほっしき》の手段《しゅだん》を信《しん》ぜん

【大義】

佛道をはるばる尋ねてみれば、佛道がどこにあるということではなく、あらゆるところにすでに行き渡っているということであった。それは修行という手段がもともと必要なかったということであるし、結果もいまここにあったのだ。宗乗、大事なことは自ずからあるのだから、功夫という手段を労してどうしようというのだろうか。この世の中全体は、はるかに煩悩と言われるちりやほこりからかけ離れているのだ。だから、だれが煩悩を払拭しようなどという無駄な努力を信じようというのか。

『普勧坐禪儀』は道元禅師が書かれたものであります。道元禅師は、社会科の歴史で習うところによれば、鎌倉佛教のひとつ、曹洞宗というものを打ち立てたと言われております。けれども、もともとは比叡山にずっといて、そこから下りて、本物の佛教を求めて中国へ渡られた方であるんですね。中国へ渡って、天童如浄禅師という方に会う。本物の坐禅の師にそこで会って、帰ってきた。

道元禅師が帰ってきたとき、ある人が道元禅師に聞いた。中国へ行ったからには、いろんな物を持って帰ったんじゃないかということで、あなたは何を日本に持ち帰ったのでしょうかと聞いた。そうすると道元禅師は、「空手還郷」というようなことを言ったんですね。それまでは経本であるとか、佛像であるとか、そういうものを持ち帰るのが常であった。それに対して、「私は手ぶらで帰ってきました」、そういうようなことを言った方であります。

そして、中国へ渡ったことで、三十歳前後の道元禅師ですけれども、「一生の参学の大事ここに畢《おわ》んぬ」と言ったんですね。その後、『辨道話《べんどうわ》』というものを書いて、それから『正法眼藏《しょうぼうげんぞう》』をずっと著してゆくことになりますが、その最初に『普勧坐禪儀』を、これから日本に坐禅を広めるんだと、そういう気概のもとに書かれた。文章としても、私は非常に優れていると思いますので、いまは夜坐《やざ》の時間にこれをお読みしているわけでありま す。それを少し、ここでお話をしながら進めていきたいと思います。

『普勧坐禅儀』をお話するにあたって、原文と、訳というよりは大義を印刷してきました（各提唱の冒頭部分に収録）。やはり原文が非常にすばらしいので、だいたいの道元禅師が意図したというものをつかめたら、もう一度原文に返って、原文を少し口ずさんでみる。今日のところで言えば、「宗乗自在　何ぞ功夫を費さん」。あるとき、道元禅師が書かれた、この「宗乗自在　何ぞ功夫を費さん」ということが、「あ、このことだったのか」とわかるときが必ずきます。そういうなかで、少しずつ読んでいきたいと思います。

原《たず》ぬるに夫《そ》れ　道本圓通《どうもとえんづう》　争《いかで》か修證《しゅしょう》を假《か》らん

「原ぬるに」ということでありますが、道元禅師は日本もあちこち遍歴し、中国まで渡って、本当の坐禅の指導をしてくれる師匠を尋ね歩いた。その尋ね歩いたあげくのことは何か、それが「道本圓通　争か修證を假らん」であったということであります。

「道」、まあここでは佛道ということでお話をしたいと思います。坐禅と言ってもいいし、佛道と言ってもいいし、まあ佛教と言ってもいい。「道本圓通」、道はもともと「圓通」である。「圓通」というのは、どこにも行き渡っている、行き渡っていないところがないということです。

これはちょっと余談なんですけれども、われわれは「道本圓通」を「どうもとえんづう」という読み方をするんですけれど、發心寺では「どうほんえんづう」と必ず言っていましたね。『普勧坐禪儀』はもともと永平寺に原文があって――その写しが松門寺の坐禅堂にも掛けられているわけですが――、漢文です。永平寺のものは下書きだと言われていて、われわれが読んでいるものとはちょっと違うんですが……。「どうもと」と読んだりしても、「どうほん」と読んだりしてもあまり差し支えはないんです。けれども、それぞれのお坊さんのなかにも流儀というものがありまして、原田老師は「どうほんえんづう」と読んでいたなということを思い出します。

「争か修證を假らん」、修行してその結果を得るというのが「修證」でありますけれども、そういうように尋ね歩いた。そこで「本来」というものに修も証もいらなかったんだ、ということに気づくわけですね。ただし道元禅師は苦労して中国へ渡り、本当に昼夜を分かたずの修行のもとに、こういうことを得たということでありますから、修証がいらないということではないんですね。『普勧坐禪儀』のあとの『辨道話』には、「修せざるには現れず、証せざるにはうることなし」、ということを言っている。やはり修行して、ということであります。

本当の佛教というのは、「私」というものを離れることである。「私」はこう考える、「私」はこうする、そういうようなことからちょっと離れる。まあ、「私」ということも、この人間の社会の中では大事です。「私」が何々であるということ、何かをするということ、「私」というのは、この人間の社会の中では非常に大事なことであります。しかしながら、それがすべてではない。

私たちは、ともすれば「私」が中心となって、そのことだけがこの世の中のすべてだと思いがちになるわけでありますけれど、「私」というものを離れたときに、本当の本来のことがある、それに気づいてくださいというのが、坐禅であるわけですね。ですから、みなさんは、いままでは「私」ということを中心に生きてきたわけですから、少し「私」を離れてみよう、それが坐禅ということであるわけです。

「本来」というのは、自分と関係のないところにある。自分がこう考える、あるいはこうする、そういうところの外に「本来」があるということでありますね。

佛道がどこかにある、私たちが求めるものがどこかにある、そしてそれを発見する、あるいはわかる、そういうことが非常に大事だと私たちは思っておるわけであります。しかしながら、佛教というのはそういうものだろうか。科学の法則を発見するとか、いろんなことが理解できるとか、そういうことの延長のなかに坐禅がある、佛教がある、ということなんだろうか。それを問うているわけですね。

わかるということは、やはり「私」というものがあって、何かを自分なりに嚙み砕いて理解することができる、そういうようなことですね。しかしながら、その人が理解しようがしまいが、この世の中はこの世の中として成り立っているわけです。そういうことに対して、自分がこう考えるああ考えるとしたところで、どうにもなるものではない。そこに気づいてもらいたいということでもあるわけです。

ですから「道本圓通」、本来のことは、どこかにあるそれを求めるということではなく、もうすでにどこにでも行き渡っているものであるということであります。だから、「私」の手段、「私」の修行、そういうことによってはどうなるものでもなかった。それが、「爭か修證を假らん」。私が修行しようがしまいが、本来のことは本来のこととして、もうすでにそこにある。

しかしながら、『辨道話』の言葉で言えば、「修せざるには現れず、証せざるにはうることなし」。ぼーっとしていたのでは、やはり自分がこう考えるとか、自分があって何かを求めるとか、そういうことのなかに世界を考えてしまう、ということであるわけですね。

宗乗自在《しゅうじょうじざい》　何《なん》ぞ功夫《くふう》を費《ついや》さん

「宗乗」というのは一番大事なこと、まあ、佛道あるいは坐禅、佛教ということです。言葉というものは、ひとつの言葉がひとつの概念を表すとして、われわれは非常に厳密に概念と言葉を結びつけますけれども、禅家では概念と言葉をあまり厳密に結びつけません。それは言葉の中の世界で、いろいろ言葉をやりくりするだけにすぎない。本来のこの「いま」、本来の自分自身、何かである自分自身ではなくて、何でもない自分自身、それはもう名付けようもないし、考えようもない。その本来のところにいる、真っ只中にいるということを、あるいは坐禅と言い、あるいは宗乗と言い、あるいは佛道と言うだけのことです。

厳密に佛道というコンセプトがあるわけでもない。宗乗というコンセプトがあるわけでもない。本当のことをみなさんに伝えたい、本来のことを、本来の自分自身のことを、みなさんに伝えたいということであります。

「自在」というのは、「私の自在になる」というような言い方がありますから——自由自在とか、思うままになるとか——、坐禅はそういう「思うままになる」ものなのだということを言う人もいないではないけれども、自在ということをよく考えると、「自《おの》ずから在る」ということですね。私というものがあろうがなかろうが、本来のことはあるでしょ。みなさんがたとえばここでぽっくり死んでも、この世界はたぶんじゃなくて、やっぱり続くんですね。そのままに在る。私がこの本来についてどう考えようが、そんなことは余計なことであるわけですね。

「宗乗自在　何ぞ功夫を費さん」、道元禅師の『正法眼藏』の中で、功夫しなさい、功夫しなさい、ということがあちこちに出てきます。功夫というのは、坐禅をしなさいということでもない、勉強しなさいということでもない。まあいろいろ功夫しなさい、いろいろやってみなさいということで、功夫しなさいということを言うわけですね。

その功夫という言葉が一番悩ましいところで、何をしろと言ってくれれば、坐禅を一所懸命しなさいと言ってくれれば、まあこれは話は簡単。勉強しなさいということを言ってくれれば、簡単ですが、そういうことからむしろ離れることが功夫なんでありますね。何かをするということから離れる。何かであるということから離れる。それが功夫なんですね。本当はだから功夫をしないことが功夫なんです。だから、そこに「宗乗自在」、自ずから在るんだ。「何ぞ功夫を費さん」、私の功夫を費やしてどうするんだ、ということであるわけですね。

況《いわ》んや　**全體迴《ぜんたいはる》**かに**塵埃《じんあい》**を**出《い》**ず　**孰《たれ》**か**拂拭《ほっしき》**の**手段《しゅだん》**を**信《しん》**ぜん

「煩悩が多くて坐禅ができません」というようなことを言う人がいますけれども、「煩悩はどこにあるんですか」とお聞きすると、まあいろんなことを言いますね。煩悩というものはないですね、もともとない、何を考えていようが。

ここでみなさんに「女性のことを考えてはいけませんよ」とか、「会社のことを考えていてはいけませんよ」と言ったことはないですね。三十年ぐらい坐禅會をやっていて、そういうことを言ったことは一度もないはずです。

そういう、何をしてはいけない、かにをしてはいけないということを言っているのではなく、みなさんがそれを煩悩だと思うから煩悩なんですね。私がそれは煩悩ですと決めたことは一度もありません。それでもみなさんが煩悩だ煩悩だと言う。そういうことを考えることが煩悩であるとしたらば、みんな煩悩だらけということになります。

「全體迴かに塵埃を出ず」。煩悩などということとはかけ離れた「いま」があるではないですか、かけ離れた自分自身があるではないですか。自分自身がそれを煩悩だとか何だとか、ごたごた言っているだけで、私がこれを煩悩だと申し上げたことは一度もない。もともと「本来」ということで、煩悩なんてありようがない。

「孰か拂拭の手段を信ぜん」。「拂拭」とは、ぬぐう、はらう、ですね。修行というのは煩悩を取り去ってゆくものだ、そういうようなことを言う人もいるかもしれませんが、それは六祖[7]の時代から、そうではない。拂拭をしてどうするんだ、ぬぐい去ってどうする、ということがあったわけです。何を払おうとしているんだ。私たちは本当の自分自身の本来の姿、そのことを見ればよい。それだけのことだ。何かである、何かをするということから離れたところ、そこからやってみましょう。それが坐禅だということであるわけです。

「宗乗自在　何ぞ功夫を費さん」、この原文をときどき読んでみる。ただこの原文に左右されることはないですね。やはり道元禅師の文章だといっても、やはりそれは文章ですから。非常にいい言葉ではありますが、いい言葉だからそれに縛られるということもあるわけです。

まあときどき読んでみる。すると本当にあるとき、「宗乗自在　何ぞ功夫を費さん」ということが、しみじみと「ああ、こういうことだな」とわかってくると思います。そういうところで、だいたいの流れをつかめたら少し口ずさんでみると、道元禅師が言うことがこういうことだったなと、いずれ自分のものになるということであります。夜坐に来た方は、これを毎回毎回、これから読むことにしております。そういうときが必ずくるということであります。

（平成二十七（二〇一五）年九月　松門寺坐禅會にて）

【提唱・二】　豈修行の脚頭を用うる者ならんや

大都《おおよそ》當處《とうじょ》を離《はな》れず　豈修行《あにしゅぎょう》の脚頭《きゃくとう》を用《もち》うる者《もの》ならんや　然《しか》れども
毫釐《ごうり》も差《さ》あれば　天地《てんち》懸《はるか》に隔《へだ》たり　違順《いじゅん》纔《わず》かに起《おこ》れば　紛然《ふんぜん》として心《しん》を失《しつ》す

【大義】

だれもがいまこの本来の佛道を離れることはないのだから、修行などという手段など用いなくてもよい。しかしながら、そこに「私」を毛筋ほどにも差しはさんでしまえば、佛道とは天地の隔たりとなってしまう。また違だとか順だとかの見解を起こせば、紛らわしくなって佛道を失ってしまうのだ。

みなさんがこのお寺に来られるとき、「本来の自己」ということを必ずお話することにしております。「本来の自己」、本当の自分自身に気づいてください、それが坐禅ですよというお話をするわけです。そして最初から、「本来の自己」とは何ですかというひとつの問いをみなさんに、公案と言いますか、坐禅の問答の問題として提示しているわけです。そのように問題を出す。問題を出されると、私たちはいままで、一所懸命に考えて、あるいは何かをして答えを出そうと思ってしまう。あるいは一所懸命努力をして、その果てに結果がくるんだということを思ってしまうわけでありますけれども、坐禅とはそういうものではない、ということですね。

どうしても問題を出すと、「私」というものがもたげてくる。ここではみなさんに、主語というものが私たちのいろいろな問題の根源であるということを申し上げているわけです。「私」が何かをするということと、「私」が何であるということに、私たちは縛られている。本当のことを考えれば、「私」というのはときたまもたげてきて、この社会の中でいろいろな仕事をする、人とコミュニケーションをとる、そういうことでは役に立つものではありますけれども、しかしながら本当に「私」というものはなければならないものでしょうか。そういうことをお考えになるのが、佛教の坐禅だということであります。

お釈迦さんは、人間にはいろんな問題があるけれども、それは結局「私」というものがつくりだしているのだということを、お悟りになるわけです。もちろんみなさんは一般の会社とかそういうところでは、「私」というものを存分に発揮してくださってけっこうです。何かをしてはいけないとか、何々であってはいけないとか、そういうことではありません。

ただ、坐禅においては「私」というものは別に必要ないんだ、ということを申し上げておるわけです。そんななかで、この『普勧坐禪儀』を読んでいただけたらいいと思うわけです。

大都《おおよそ》　當處《とうじょ》を離《はな》れず

「本来の自己」というのは、何か私が追求する目標ではない、ここにある私の「いま」なんです。私たちはこの「いま」から離れようがない、本来の自分自身から離れようがない、本来ということから離れようがない。それが、「大都　當處を離れず」であるわけですね。「當處を離れず」、「いまここ」ということから離れようがない。

豈修行《あにしゅぎょう》の脚頭《きゃくとう》を用《もち》うる者《もの》ならんや

「修行」、私たちは、坐禅というのは修行である、そして悟りというのは目的である、一所懸命坐禅をして、修行して悟りを得るのが坐禅である。まあそういうことを言う人もいます。しかしながら、それはやっぱり「私」が何かをする、何かのために何かをする、主語から離れられないということではないでしょうか。

「修行の脚頭」、修行という「脚」を使ってどこかに行こうとするのか、あるいは手段を使って何かをしようとするのか、そうではないだろう。「いまここ」を離れようがない、本来の自分自身を離れようがないのに、どうして修行という手段を用いてどこかに行こうとするのか、あるいは状態を求めようとするのか、何かであろうとするのか。

「修行の脚頭を用うる」、そういう手段を用いるのではない、状態を求めるのではない、それが坐禅なんだ。本当に黙って坐っていれば、そのものが坐禅である、本来である。そういうことじゃないかということです。

然《しか》れども　**毫釐**《ごうり》も**差**《さ》あれば　**天地懸**《てんちはるか》に**隔**《へだ》たり

日本語というのは、主語を省略できることが多い。だからそこに主語があることに気づかない。私は私は、と言わなくとも、文章は通じる。そういうことから、そういう主語が隠れていることに気づかない人が多いけれども、わずかに主語があるのであれば、「私」

が感じるとか、「私」が何をするとか、「私」が何々であるとか、そういうことが毛筋ほども――「毫釐」というのは毛筋ですね――あるのであれば、「本来の自己」とは天地が隔たっているようなものである。

違順《いじゅん》纔《わず》かに起《おこ》れば

「違」というのは「違っている」。「順」というのは「したがっている」、「合っている」ということでしょうか。「違い」だとか「合っている」だとか、それもやはり主語のなせる仕業《しわざ》だということです。「いまここ」というのは、間違いようのない「いま」ではないでしょうか。「私」というものが異をとなえ、それがまさにそのものだと認める。認めているものがあるかぎり、

紛然《ふんぜん》として心《しん》を失《しっ》す

本当のところを失ってしまう、ということであるわけです。坐禅というのはまさにそういうことだ。「私」というものが何かをする。みなさんも坐禅のなかで、「何か」をしていないかどうか、あるいは「気持ちのいい状態」とか、「すっきりした」とか、そういう

「状態」を求めていないかどうか。

坐禅中眠くてしかたがない、だから本当の坐禅ができなかった、そういうことを言う方がおられますが、そんなことはない。眠かった、それがその人の「いま」ということであるわけですね。眠くなくなったら本当の坐禅ができるのか、そういう「あさって」を見ているようでは、いつまで経っても「いま」ということに気づかないということです。

状態を求めるのではない、何かをするのではない。「ただ坐る」ということはそういうことだ。「ただ」もない。「ただ坐る」と言っていることにも、やはり「私」がある。「私」が、「いろいろなことを振りはらって、ただ坐る」、そういうことが背後に見える。本当の「ただ」には「ただ」もない。そのことに気づくべきだということであるわけです。

もう一度最初から読みますと、

大都《おおよそ》　當處《とうじよ》を離《はな》れず　豈《あに》修行《しゆぎよう》の脚頭《きやくとう》を用《もち》うる者《もの》ならんや
然《しか》れども　毫釐《ごうり》も差《さ》あれば　天地《てんち》懸《はるか》に隔《へだ》たり
違順《いじゆん》纔《わず》かに起《おこ》れば　紛然《ふんぜん》として心《しん》を失《しつ》す

まあ、本当の「いま」ということに坐ってくださいということです。

それでは時間がまいりましたので、坐禅に移っていただきたいと思います。

（令和元（二〇一九）年七月　松門寺坐禅會にて）

【提唱・三】　悟ったところは坐禅ではない

直饒《たとい》　會《え》に誇《ほこ》り　悟《ご》に豊《ゆた》かにして　瞥地《べっち》の智通《ちつう》を獲《え》　道《どう》を得《え》　心《しん》を明《あきら》めて
衝天《しょうてん》の志氣《しいき》を擧《こ》し　入頭《にっとう》の邊量《へんりょう》に逍遙《しょうよう》すと雖《いえど》も　幾《ほとん》ど出身《しゅっしん》の活路《かつろ》を虧闕《きけつ》す
矧《いわ》んや　彼《か》の祇園《ぎおん》の生知《しょうち》たる　端坐六年《たんざろくねん》の蹤跡《しょうせき》見《み》つべし　少林《しょうりん》の心印《しんいん》を傳《つた》うる
面壁九歳《めんぺきくさい》の聲名《せいめい》尚《なお》聞《き》こゆ　古聖《こしょう》既《すで》に然《しか》り　今人《こんじん》盍《なん》ぞ辨《べん》ぜざる

【大義】

たとえ、理解に優れ、大いに悟り、格別の智慧を得たとしても、また佛道を得、佛心を明らかにして、天を衝くような高い志を持ち、悟りのあたりにいるとしても、ほとんどは本来の悟りへの道を欠いている。言うまでもなく、かの祇園精舎の釋尊端坐六年の行跡を見るべきである。また少林寺の達磨大師が本来のことを伝えた面壁九年の行跡は、いまなお響き渡っているではないか。古佛はかくのごとく黙々と坐に徹したのである。いまの者はどうして坐に徹しないのか。

先々月からこの時間には『普勸坐禪儀』のお話をしています。今日のところは第三ですね。少し読んでいきたいと思います。

直饒《たとい》會《え》に誇《ほこ》り　悟《ご》に豊《ゆた》かにして　瞥地《べっち》の智通《ちつう》を獲《え》　道《どう》を得《え》　心《しん》を明《あきら》めて
衝天《しょうてん》の志氣《しいき》を擧《こ》し　入頭《にっとう》の邊量《へんりょう》に逍遥《しょうよう》すと雖《いえど》も　幾《ほと》ど出身《しゅっしん》の活路《かつろ》を虧闕《きけつ》す

難しい言葉ですけれども、「會」というのは理解ですね、理解に優れる。「悟に豊かにして」、おおいに悟ったところがある。「瞥地の智通を獲」、格別の智慧を得た。「道を得」、佛道を得て、「心を明めて」、佛心を明らかにする。そして、「衝天の志氣を擧し」、天を衝くような志を持っている。

「入頭」というのも、悟りというようなことと同じ意味であります。「入頭の邊量に」、悟りのあたりに、「逍遥す」、うろうろしている。としても「幾ど出身の活路を虧闕す」。「出身」というのは身を世に出す、本来の身を世に出すということです。私たちは出身というと、どこの県の出身ですかというようなことを聞きますけれども、そういうようなことはちょっと違う。「出身」というのは、本当に悟りを開く、そういうことであります。その「活路」、活き活きとした路、それが欠けている。「虧闕す」、「虧」も、「闕」も、欠けているという字であります。

そのように、非常に理解に優れている、おおいに悟るところがある、格別の智慧を得た、佛道を明らめた、心を明らめた、志は天を衝くようである、だけども本当の出身の活路を虧闕す。

ここのところを読むと、私はどうしても、白隠禅師を思い出しますね。白隠禅師は臨済宗です。みなさんも三島に龍澤寺《りゅうたくじ》というのがあるのをご存じだろうと思いますけれども、白隠さんの時代に、坐禅を起こした、中興したということを言われるお寺であるわけです。白隠禅師も最初のときには、まさにこの「會に誇り　悟に豊かにして　瞥地の智通を獲」、まあそういう状態であった。本当にこれ以上の悟りはない。そのことを自分でも思い、周囲にも標榜し、まあ言ってみれば天狗になっていた。

飯山に正受庵という小さな庵があるんです。私も何年か前にうかがったことがありますが、お寺というよりも庵という感じの、普通の家と見紛うような小さなところですけれども、ここに正受老人という方——本名は違うんですけれども——がいて、人々を指導していた。白隠さんは、少々天狗になっていたわけですから、乗り込んで行ってこいつをやっつけてやろうという、まあ道場破りのようなことをするわけですね。

それで、偈《げ》という詩を書いて、それを正受老人に提示するわけです。ここで、偈というのは、お坊さんはよく書きますが、五言絶句であったり、七言絶句であったりします。まあそういうものを提示した。そうするとその正受老人から、「こんなことは学んで得たものである」と、「無学」ということで悟りを開いたと思っていたのに、学んで得たことであると言われたんですね。

それでも白隠さんは、「そんなもの吐き出してしまいなさい」と言われて、吐き出すような仕草をして、げーげーとやったらしいですが、そんなことを正受老人は意にも介さず、「じゃあ、無学とは何だ」と問われたんですね。そうすると白隠さんが、「無学というのは手のつけようのないことです」と言うと、正受老人は、白隠さんの鼻をつかんでぎゅっとひねった。そして、「何だ手につくじゃないか」と言われたんですね。

この白隠さん、そういう指導のもとに、「あ、これは私のいままでやってきたものは少し違ってる、少しまだ徹底していない」、そういうことに気づくわけですね。そして、その正受老人のもとで修行し直す。

いままでは衝天の志気を挙していた。瞥地の智通を獲たと思っていた。佛道を得たと思っていた。道心も得たと思っていた。ところがそんなものが、この正受老人のもとでは何のつてにもならなかった、ということであるわけです。

まあ、白隠さんがすごいのは、そこでやり直すということですね。徳山和尚(8)にも、婆さんににやり込められて勉強し直したという話があります。やっぱり私たちは、どうしてもその「會」に誇るところがある。「悟に豊かにして　瞥地の智通を獲　道を得　心を明めて　衝天の志気を擧し」。そういうようなときも、なきにしもあらず。

しかしながら、ほとんどそういう人たちは、「出身の活路を虧闕す」。本当の悟りへの路が欠けている。むしろその誇っていることがだめだ。悟りを開いたと思っているからだめだ。悟りということにとらわれる。わかったということにとらわれる。佛道ということにとらわれる。坐禅ということにとらわれる。

だからそこのところを、「入頭の邊量に逍遙す」、「そこら辺をうろうろしているだけだ」と言われてしまうわけですね。ほとんど本当の徹底ということにはほど遠いということです。

矧《いわ》んや　彼《か》の祇園《ぎおん》の生知《しょうち》たる　端坐六年《たんざろくねん》の蹤跡見《しょうせきみ》つべし
少林《しょうりん》の心印《しんいん》を傳《つた》うる　面壁九歳《めんぺきくさい》の聲名尚聞《せいめいなおき》こゆ
古聖既《こしょうすで》に然《しか》り　今人盍《こんじんなん》ぞ辨《べん》ぜざる

そういう人たちは、「矧んや　彼の祇園の生知たる」、「生知」というのは、生きている知恵ということで、「祇園の生知」はお釈迦さんのことを指します。「祇園」というのは、祇園精舎。インドの地名を音写すると「祇樹給孤独園《ぎじゅぎっこどくおん》」ですが、略して祇園と言い、お釈迦さんが説法を開いた場所です。日本では祇樹給孤独園と言うのは大変ですから、祇園精舎と言っているわけです。「祇園の生知たる」お釈迦さんを見てみろ。「端坐六年」、ただ端坐、六年間黙って坐っていた。その業績を見てみろ。悟ったぞとか、理解がどうとか、そんなことをぺらぺらしゃべっているんじゃない。あるいはそういうことを誇っているんじゃない。

あるいは「少林の心印」、私たちがお寺で「少林」と言えば、少林寺拳法のことではなく、達磨大師ということです。達磨大師は「面壁九歳」、九年間もうただ黙って坐っていた。本当のことを伝えた。本当の心印を伝えた。面壁九歳、もうひたすら坐っていた。そのことが本物を伝える道であった。その「聲名」、その業績が、いまも伝わっているじゃないか。古人というのは、みなそういう者である。古人で本当に悟りを開いたということは、そういうことである。

「今人盍ぞ辨ぜざる」、いまの人はどうしてそれを修行しようとしないのか。その本当の、そのお釈迦さんの跡を継ごうとしないのか。達磨さんの跡を継ごうとしないのか。會に誇ってる場合じゃない。衝天の志気を挙してる場合じゃない。ただ単に、本当にそのもの、本来の自分自身ということに徹する。「いま」ということに徹する。そういうお釈迦さんの業績を見てみろ、達磨さんの業績を見てみろ、ということであるわけです。

まあ、私たちもどうしても、わかったというところが、いつも障害になる。わかったというところが、ひとつの拠り所となってしまう。拠り所というのは、はやばやと捨てたらいい。拠り所を捨てて捨てて、わかったところは捨てて捨てて、悟ったということも捨てて、そこに本物がある。本物が自ずから現れる。放てば手に満てり。つかもうとしたところに、本物はない。すべてを手放したときに、そこに本物があるんだということでありま す。

白隠さんも、そういうことに気づくときがきた。そして、臨済宗中興の祖と言われる人になった。飯山のちょっと小高いところに正受庵という庵がある。本当に江戸時代と同じかどうかはわかりませんけれど、庵のところに坂が続いているんですね。その坂は、白隠さんが蹴落とされた坂、蹴落とし坂、蹴殺し坂と言うんですか、何かそういう名前がついています。永平寺とか大きなお寺の坐禅を見るのもいいですけれども、ああこんなところで白隠さんが坐禅をやっていたんだというところは本当にいいですね。

私も各地のいろんなところに行きますが、このあいだ新潟のあるお寺へ行きました。ここも坐禅で本当に有名なんですよね。有名なんですけれども、このあいだ行ったら、大河ドラマの舞台になったとかでバスがどんどん来て、すごいことになってしまっていて、昔坐禅を盛んにやったところとはとても思えないようなお寺になってしまっていました。

正受庵というのは本当に見栄えがしないものだから、あんまり人も行かないのかもしれません。そのうち名所になってしまうと困るから、いまのうちに行っておいたほうがいいですね。飯山の正受庵、飯山の人はみな知っていると思います。飯山の近くに行ったら寄ってみてください。

そんなところで、わかったところを離れる、わかったところを手放す。わかったところは坐禅ではない。悟ったところは坐禅ではない。そういうことからも離れる。本当の何でもない、何でもないところに坐禅をしていただきたいということでありますね。
達磨さんが九年間坐り通したことで伝えようとしたもの、達磨さんが九年の坐禅で伝えようとしたもの、それをみなさんが受け取ってくださいということであります。

(平成二十七(二〇一五)年十一月　松門寺坐禅會にて)

【提唱・四】　退歩を學す

所以《ゆえ》に須《すべか》らく言《こと》を尋《たず》ね語《ご》を逐《お》うの解行《げぎょう》を休《きゅう》すべし
須《すべか》らく回光返照《えこうへんしょう》の退歩《たいほ》を學《がく》すべし　身心自然《しんじんじねん》に脱落《だつらく》して　本來《ほんらい》の面目現前《めんもくげんぜん》せん
恁麼《いんも》の事《じ》を得《え》んと欲《ほっ》せば　急《きゅう》に恁麼《いんも》の事《じ》を務《つと》めよ

【大義】

だから言葉を尋ね意味を追求する理解への道をやめるべきなのだ。沈む太陽の光が振り返って空を照らすように、外に向かって何かを求める進歩ではなく、自分自身の本来に戻る退歩を学ぶべきなのである。そのとき「私」がそのままに脱落し、本来が目の前にあることに気づくのだ。このような本来を得たいと思うなら、まさに「いま」の本来に徹するのである。

今年の紅葉は変調でして、いま頃はいつもはほとんどもう散っているんですけれども、まだ青いモミジがついていて、気候が少し変な感じですね。いつもはもうちょっと松門寺の紅葉もきれいだったんですけれども、今年はあまりよくありません。

先月のところでは、白隠さんのお話をいたしました。白隠さんという人は、自分が悟ったと思っていたところが、飯山の正受老人のところへ行って、手もなくひねられて、やり込められてしまう。そこで再度正受老人のもとで修行をし直して、ひとかどの白隠となった、というお話をしたわけであります。

お釈迦さんが、「端坐六年」と言いますね、六年間の修行をした。わかるというところから放す、言葉を手放す、意味を手放す、まあそういうような修行をした。そのことをどうしていまの人たちはやらないんだ、というお話でした。達磨さんは九年間壁に向かって坐った。黙々と坐った。そのことをどうしてみなさんはやらないんだ。そういうお話でありました。今日はその続きになるわけです。

「今人壵ぞ辨ぜざる」ということがありましたね。いまの人はどうしてお釈迦さんの端坐六年の修行しないのか、達磨さんの九年間の面壁をしないのだ。わかるということばかりを追いかけて、意味を追いかけ、そういうことで終始している。わかるということを求めてしまう、そういう修行をしているんじゃないか。本当のお釈迦さんの端坐六年、達磨さんの面壁九年の修行を見てみろということであったわけです。

所以《ゆえ》に**須**《すべか》らく**言**《こと》を**尋**《たず》ね**語**《ご》を**逐**《お》うの**解行**《げぎょう》を**休**《きゅう》すべし

どうしても私たちは、わかりたいという欲から離れがたい。私たちは人間となって、いろんな教育を受けてきたわけですけれども、やっぱりわかるということがひとつの到達点だ。ですからそれは仕方のないところがあるわけですね。何かを理解するということを目指してきた。だから坐禅でも、どうしてもそのことを習性として目指してしまう。何か腑に落ちるところがある、わかるところがある、そういうものを目指してしまう。坐禅というものはそうではないんだ。よく申し上げますけれども、山へ登る道ではなく、山へ登って頂上を極める道ではなくて、山から下りる道である。

大智禅師という方の偈があります（一六五頁参照）。お釈迦さんが端坐六年の修行をして、山から下りてきて、菩提樹の下で坐っていた。このお釈迦さんが山から下りてきた道が、本当の道であった。本当の上山《じょうざん》の道であったんだ。「下山《あさん》の路は上山の路」ということであります。

私たちはどうしても頂上を目指す、わかる、そういうことを目指してしまう。そういう人たちは、ちょっとお釈迦さんの六年の端坐を見てみろ、達磨さんの面壁九年の修行を見てみろ、ということであります。

だからこそ、「言を尋ね語を逐うの解行を休すべし」。「解行」、理解しようとする行ですね。理解に一所懸命になる、理解を目指す道に行ってしまう、そのことを「休すべし」、やめてみないかということです。

私たちにはこういう『普勸坐禪儀』という文字で書かれたお示しがある。あるいはあとで、『正法眼藏』という本を読むわけですけれども、それらはどうしても文字で書かれている。文字で書かれているからこそ、その意味を探る。習性としてそういうことになってしまう。しかしながら坐禅というのは、わかるという道をちょっと手放してごらんなさい、そういうことであるわけです。

須《すべか》らく回《え》光《こう》返《へん》照《しょう》の退《たい》歩《ほ》を學《がく》すべし

「回光」というのは、日が沈むと太陽が振り返って空を照らしているということです。たとえがいいんだか悪いんだかわかりませんが、こういう昔からの言い回しに「回光返照」というものがあるんです。前を照らすんじゃない、後ろを照らすんだというのが「回光」ですね。

私たちは何かを探索するときに、前ばっかり見て、どんどん突き進んで、何かを追求する。そうじゃなくて、自分自身を振り返ってみないか。私たちはどうしても歩を進める、進歩、突き進んでいろんなことを吸収して、いろんなことをわかろうとする。山へ登るのではなくて、山から下りる、進歩ではなくて退歩なんだ。前を見るんじゃなくて、後ろを振り返ってごらんなさい、自分自身のことを振り返ってごらんなさい、ということであるわけです。

それが「回光返照の退歩を學すべし」。坐禅を求めて、一所懸命突き進む。そういうことではなくて、本当の「いま」ということ、本当の自分自身ということを、振り返ってみる。それが「回光返照の退歩」ということであるわけです。

そのときに、

身心自然《しんじんじねん》に**脱落**《だつらく》して　**本來**《ほんらい》の**面目現前**《めんもくげんぜん》せん

「身心自然に脱落して」、「私」というものはそこにはもういらない。「私」ということを立てなくても、自分自身がきちんとそこで成り立っている。その「いま」、その「本来」というものがあるじゃないか、いまここにあるじゃないか。一所懸命言葉を追求し、言葉を調べ、突き進んでいっても何もない。言葉のあいだをぐるぐる回っているだけだ、さまよっているだけだ。

それよりも、ちょっと後ろを振り返ってごらん。何でもない「いま」があるじゃないか。何でもない「本来」というものがいまここにあるんだということです。「私」がどう考えるということを立てなくても、自ずと、そこに「自然」に自在、自ずからその「いま」があるじゃないか。

「身心自然に脱落して　本來の面目現前せん」。「いま」はここにあるじゃないか。何を探していたんだ。言葉を尋ね、意味を尋ねて、何を君たちは探していたんだ。ちょっと振り返ってごらん。そこに「いま」というものはあるじゃないか。「本来」というものはあるじゃないか。こういうことであるわけです。

恁麼《いんも》の事《じ》を得《え》んと欲《ほっ》せば　急《きゅう》に恁麼《いんも》の事《じ》を務《つと》めよ

「恁麼」というのは、「かくのごとく」ということの俗語だと言われていますね。東京で言えばちょっとべらんめえ調の言葉で、言葉としては俗語とか下品な言葉に属すると言われております。そういうようなちょっと悪い言葉で、このざまとか、そういうようなことなんでしょう。いまのざまというのは、言えたところはいまのざまになれない、そういうようなことであるわけですね。

「恁麼の事を得んと欲せば　急に恁麼の事を務めよ」。そういうことも私たちは意味として解釈してしまうと、「あ、恁麼になればいいんだ」というようなことを思ってしまうわけです。

やっぱりそれは、「恁麼」という言葉にとらわれている。「言を尋ね語を逐うの解行」ですね。「あ、恁麼になればいいんだ」、「本来になればいいんだ」、「いまになればいいんだ」、そういう余計なことを考えるのが、またこれは「言を尋ね語を逐うの解行」であるということですね。

ひとつ「恁麼」というとっかかりができると、またそこからどんどん、「ああ、恁麼をどうすればいいんだ」、「恁麼を自分のものにすればいいんだろうか」と、どこからでも私たちは、「言を尋ね語を逐うの解行」を始めてしまう。

私の言葉でも、みなさんは「何カ月も前に独参でこう言いました」とか、私なんかとっくに忘れているんですけれども、私の言葉を大事に持っている方がよくおられます。でも、そんなことを大事に抱えているよりは、本当のこの「退歩」を学びなさい、ということです。

どうしてもひとつのいい言葉、「ああ、あの言葉よかったな」ということにとらわれてしまう。そういうことが、「言を尋ね語を逐うの解行」であるということです。そのときに本当の「退歩」、わかる以前、そういうことを思う以前の、自分自身の本当の姿を見てごらんなさいということであるわけですね。

だから、わかったというところが、「言を尋ね語を逐うの解行」である。どこまで行っても堂々巡りになってしまう。そこをどうするんだ。そのときにやはり、お釈迦さんの端坐六年はどうだったのか、達磨さんの面壁九年はなぜああであったんだろう、そういうことを考えてみるべきである。いまの人はなぜ達磨さんの行をしないのか、そういうことであるわけですね。

「恁麼の事を得んと欲せば　急に恁麼の事を務めよ」というのも、これは本当に、あるときは目から鱗が落ちるような言葉であるかもしれない。しかしながらこの言葉につかまって、後生大事にしているようではだめだということでありますす。

まあ、その人がその人になるということですね。みなさんがお釈迦さんになる道をここで伝えようとしているのではない、みなさんが本当の自分自身、本来の自分自身になる、気づく、その道をお伝えしようとしている。ですからそういう自分自身の本来、本当のことを見てください、振り返って見てくださいということであります。

（平成二十七（二〇一五）年十二月　松門寺坐禪會にて）

【提唱・五】　作佛を圖る

夫《そ》れ參禪《さんぜん》は靜室《じょうしつ》宜《よろ》しく　飮食節《おんじきせつ》あり　諸緣《しょえん》を放捨《ほうじゃ》し　萬事《ばんじ》を休息《きゅうそく》して
善惡《ぜんあく》を思《おも》わず　是非《ぜひ》を管《かん》すること莫《なか》れ　心意識《しんいしき》の運轉《うんてん》を停《や》め
念想觀《ねんそうかん》の測量《しきりょう》を止《や》めて　作佛《さぶつ》を圖《はか》ること莫《なか》れ　豈《あに》坐臥《ざが》に拘《かかわ》らんや

【大義】

坐禅は静かな部屋で務め、飲食にも節度をもつものである。世間のさまざまな縁を手放し、すべてを休息して、善悪を考えず、是だとか非だとか評価することもやめる。心の働きをやめ、思量分別で推し量ることもやめなさい。まして佛になろうなどとするものではない。本来坐禅は、坐とか臥とかいうことにもこだわらないものなのである。

この時間は『普勧坐禪儀』を少しずつ読んでいっているわけですけれども、道元禅師が中国から日本へ帰って、坐禅をこの日本に広めなくてはいけないということで、最初の頃に書かれたものです。坐禅の大事なことはすべてこの『普勧坐禪儀』の中に書いてあるということです。

今日のところは、

夫《そ》れ参禪《さんぜん》は靜室宜《じょうしつよろ》しく　飲食節《おんじきせつ》あり

「夫れ参禪は」ということが書いてあります。まあ私たちは坐禅と言いますけれども、参禅というのは坐禅というよりも少し広い意味になります。禅に参ずるということですからね。臨済宗では、参禅というと、ほぼ独参をして坐禅をするんだというような強い意味があります。参師聞法《さんしもんぼう》と言います。師に参じて法を問う、それが参禅ということである、そういうふうなことが臨済宗のイメージで、曹洞宗とは少し違っているわけであります。

禅に参ずる、そんななかにいろんな道がある。坐禅を徹底的にする。法を問うことを徹底的にする。ひたすら坐る。そういうようないろんな仕方がある。そういうことをすべて含めて参禅と言うわけでありますけれど、ここでは「参禪は靜室宜しく」、静かに坐るということなので、坐禅はということに少しお話を限って大義を書いておいたところであります。

静かな部屋で、飲食の節度をもって坐る。いろんなことを忘れて静かに坐る。私たちの曹洞宗では、そういうことがすべてである、静かに坐ってさえすればいいということでありますけれども、やはりそれではどうしても埒があかないところがある。たとえば、『正法眼蔵』をのちほどお読みしますけれども、『正法眼蔵』のほとんどは、参師聞法、師に本当の坐禅とは何かというのを尋ねてそれに答える、問答が中心となっておるわけです。

しかしながら、いまのわれわれの曹洞宗はそういう問答を避ける。実質的にやっている部分はありますけれども、形としてはそういう問答を避けるというところがあります。しかし松門寺では、やはり参師聞法、師に参じて法を問う、そういうことで本当の坐禅への道を切り開いていこうということですね。

松門寺でも玄関に「参禪」と書いてあります。禅に参ずる。「坐禪」とは書かない。どうかそれぞれの功夫によって、禅に参じてくださいということであるわけですね。

ただ、普通に坐というのも参禅の中のひとつであるわけですけれども、その坐る坐禅のみが取り上げられて、あとのことはどうでもいい、坐るときにしっかりと静かな状態に入っていればいいんだという、どうしてもそういうことと思いがちでありますけれども、そうではない。

坐のときは坐に徹する。そして動のときには、動中、動く中に功夫する。庭を掃いている、みなさんであれば会社で仕事をしている、それが動中の功夫である。そして、こういう静かなところでみなさんと一緒に坐禅する、これは静中、静かな中での功夫である。どっちの功夫がいいということではなく、それぞれがそれぞれの功夫である。それこそが参禅であるということです。

静かな中で坐っている。そのことだけが坐禅であると思っているのであれば、そのことは即刻やめていただきたい。静かな状態、心が静かになった状態を求めるのが坐禅ではない。忙しくしているなかで、私は坐禅の真っ只中にいる、本来ということの真っ只中にいるということを、自分で確信することができたら、それでいいということであるわけですね。

私たちはどうしてもそういう取捨選択をする。どっちがいいんだ、静かに坐っていることがいいんだ、そういうことを思いがちでありますけれども、そうではない。静中の功夫、動中の功夫を含めて、坐禅なのである、それが参禅なのだということを、肝に銘じて、覚えておいていただきたいと思います。

坐禅をなぜするのだと道元禅師に聞いた人がある。まあ昔からそうやっているんだからそういうことをするのだ、というような答え方をしていると思います。

坐禅というのは静かな部屋で、「静室宜しく」。「飲食節あり」、やっぱり満腹になっていると眠くなる。私たちが發心寺で摂心をすると、一週間坐るんですね。一週間、十二月の摂心などは、朝三時から夜十時まで、ずっとほぼ坐っているんですけれども、一週間坐っていますと波がいろいろありますね。眠い波というのが一週間のあいだに、私の場合は一日どうしても眠いときがありました。そういうときもあり、足が痛い日があって、そういうのを過ごして、摂心というのが続きます。松門寺の摂心はちょっと短いので、そういうこともないかもしれませんけれど、あまり満腹になって坐るとやはり眠くなる。だから、少しひかえて坐るんだということであります。

眠るのも坐禅だなどと言いますけれども、やはり坐のときは坐に徹する。眠るときは眠ればいいんですが、坐のときは坐に徹する。そして、一人で坐っているときには、寝ようが何しようがその人の責任ですけれども、このように大勢で坐っているときには、隣で眠られるとちょっとね、どうですか、隣でこっくりこっくりしていると……。ここではあまりそういう人は見かけませんが、まあそういうこともある。眠いときもある。節度をもってすれば、そういうこともなるべく避けられるということでもあるわけですね。「静室宜しく　飲食節あり」、飲食に節度をもつということです。

諸縁《しょえん》を放捨《ほうじゃ》し　萬事《ばんじ》を休息《きゅうそく》して

いろいろな縁、会社の縁であるとか、家族の縁であるとか、まあそれは消すことはできない。消すことはできないけれども、放っておくことはできる。それぞれがそういう坐禅のなかに、こうすればよかったとか、ああすればよかったとか、そういうことをやめるということでもあります。

「萬事を休息し」、坐禅というのは何もしないということが基本ですね。よくみなさんのなかに、「無にならなきゃいけないんじゃないか」と言う人がいるんですけれども、その無になるということも、休息する。そういう余計なことを持ち込んでどうするんだ、ということであるわけですね。万事を休息する。無になる、空になる、そんなことは余計なことだということでもあります。

善悪《ぜんあく》を思《おも》わず　是非《ぜひ》を管《かん》すること莫《なか》れ

これもよく、みなさんがおっしゃいます。松門寺では四十五分坐禅をしますけれども、「四十五分が飛ぶように過ぎた」と。まあ気持ちいいものです。はっと気がついたら抽解鐘《ちゆうかいしよう》（一炷の坐禅の終わりの鐘）が鳴っている。何かこう、すごくうまく坐禅ができたと思ってしまう。そして、足が痛くて秒を数えるようにして坐っていたとき、そのときには、「あーうまくできなかったな」と思う。

しかし、それがいい悪いでしょうか。時間が飛ぶように過ぎたからいい坐禅なのか、あるいは、足が痛かったから悪い坐禅なのか。そういういい悪いということは、もともとない。足が痛かったというその時があるということ、眠かったというその時があるということで、それをいいとか悪いとか言っているのは、「私」というものが善悪を認めている。物差しを持ち込んで、こういう坐禅がいい坐禅なんだ、こういう坐禅が悪い坐禅なんだと言う。そういう善悪というものを持ち込まない。

「善悪を思わず　是非を管すること莫れ」。是非を管してるのはだれだ。善悪を決めてるのはだれだ。もう自分しかいないんです。自分がそういうことを決めて、そういうことになっている。もともとのことに、善悪というのはありません。眠かったから悪いんだ、うまくできなかった、そんなことはない。それぞれがそれぞれの時の立派な坐禅をしているということであります。だから「是非を管すること莫れ」。

心意識《しんいしき》の運轉《うんてん》を停《や》め

「心意識の運轉を停め」、いっとき本当に何もしないということですから、心の働きをしばらくやめてみる。じゃあ先ほどみたいに無になればいいだろうという、その無になるということ自体が、心意識の運転なんですね。

念想観《ねんそうかん》の測量《しきりょう》を止《や》めて　作佛《さぶつ》を圖《はか》ること莫《なか》れ

「念想観」というのは、念ずる想う観るですね。やはり心の働き。それで何かを推し量る。是であるとか、非であるとか、善であるとか、悪であるとか、そういうこともやめて、そして「作佛を圖ること莫れ」。

松門寺に童子の像がありますね。いまの芸大（東京藝術大学）の教授の籔内佐斗司さんという方に南嶽《なんがく》(9)の問答を言いましたときのものです。あるとき一所懸命坐禅している弟子のもとを師匠南嶽が通る。一所懸命しているから弟子に対して、「何をしているんだ」と問うわけです。この何をしているんだと問われるのは、なかなか厳しい問いであるわけですね。

私がいた發心寺の住職原田雪溪老師も、浜松で修行をしていたとき、井上義衍《ぎえん》老師から、草を抜いていたときに、「何をしているんだ」と問われて、答えられなかったという話をしています。もちろん草を抜いているんだということは決まっている。そうしたら「それだけではないだろう」と言われるわけですね。「息はしていないか」、そういうことを問われるのは目に見えているのは目に見えているわけで、何をしていると問うのは、ひとつの師匠のこれは親切なんですね。南嶽が弟子に何をしているんだと問うたことも、そういうわけです。

弟子のほうは、「坐禅をしています」と答えた。そうすると、「坐禅をして何になるんだ」と問い返された。「坐禅をして佛になります」、その弟子は答えた。そうしたら、南嶽のほうは、その傍らで瓦――昔の瓦というのは丸い瓦ですね――を一所懸命磨き始めた。弟子のほうは不思議に思って、「師匠は何をしているんですか」と問うたわけです。すると、「私は瓦を磨いて鏡にするんだ」ということを言うわけです。弟子のほうが「瓦なんて磨いて鏡になりますか」と問うと、「じゃあ、坐禅をして佛になるのか」と問い返されるわけですね。

瓦は瓦であるように、私たちは坐禅をして佛になるのではない。その人がその人になるんだ。その人がその人に気づくのである。それが坐禅である。そういうことである。「作佛」というのはそういうことを言っているわけです。

悟りを開いて佛になるんだ。まあ非常に微妙なお話になるわけですけれども、私たちはここで坐禅をする以上は、悟りを開いて佛になる、これがやっぱり一番のことであるわけです。しかしながら、佛になろうなろうということは、何かやはり自分でないものになろう、自分の本来のことを忘れて、佛という何かシンボリックなものになろう、そういうことになってしまうわけです。ですから、そういうなかで「作佛を圖ること莫れ」。

本当はみなさんが、たとえばどなたかに「松門寺へ行って何をしようとしているんだ」と問われたときに、私はやっぱり「悟りを開いて佛になる」と言ってもらいたい。「松門寺へ行って佛になるんだ」と言ってもらいたいけれども、作佛を図るということが、佛になるということが、本当の佛になるということではない。

どうしても佛になるということは、何か別の人格になったり、非常に優れた人になるというような響きを持つから、危うい言葉であるということなんです。ですから、あえて「作佛を圖ること莫れ」と言うわけであります。

何になろう、こういうことになろう、それはいまの自分を見ていないのではないか。いまの自分に気づくんだ。それが坐禅なんだということなんです。その何かが、結局はまあ言ってみれば、佛ということなんですけれども、やはり別の何か理想像、佛という理想像みたいなものを追求するのではないのだということを言うために、この「作佛を圖ること莫れ」ということを言っているわけですね。

私たちはそんななかで、あえてみなさんに「本来とは何か」、「本来の自己とは何か」ということを問うているわけです。何もしないというなかに、そのことを問うているわけです。坐禅というのは基本的に何もしないということが一番の基本だ、だけども何もしないということではどうしても埒があかない、「そのままでいいな」ということになってしまう。

そこのなかに、私たちはあえて、「本来とは何ですか」、「あなたとは何ですか」、「何をしていますか」ということを問うわけです。あえて問うことによって、「そのままでいいのだ」というものではない、そういうものも超えた本当の、本来の自分自身に気づいていただけるということであるわけなんです。

ですから、ここに来るかぎり、どなたも「本来とは何か」ということが問われている。ぜひそれにどうしても答えていただきたい、ということです。

最後に、

豈《あに》坐《ざ》臥《が》に拘《かかわ》らんや

坐というものは、「靜室宜しく　飲食節あり」、そういういろいろなことをやった。しかしながら、それは私たちが坐禅をするなかで、坐禅堂の中で坐るということのなかで、本当の「私」の一部であるにすぎない。それでは、会社へ行っているときは坐禅ではないのか、会社へ行っているときは本来ということではないのか。やっぱり、家庭にいるときも、会社にいるときも、「本来」ですね。「本来」ということからわれわれは免れない。

ところが私たちは自分の考えによって、これは違うんだ、これは本当の自分じゃないんだということを言ってしまう。そこがちょっと問題なわけですね。会社であっても、家庭であっても、私は坐禅の真っ只中に、本来の真っ只中にいる、そのことに気づいていただければ、もうそれでおしまいということであるわけです。

行住坐臥という言葉があります。行くときも、住というのは止まる、止まるときも、坐するときも、臥するときも、われわれの生きているいろんなことを、行住坐臥と言うわけです。行住坐臥に拘わらんやということであります。

「私」というものが、坐禅が一番よくて、会社にいるときは偽物の自分だと、そういうことにしているだけの話で、端から見ればみなさんが立派なその人である。その人がそのことを否定しているということになってしまう。

まあいまからは、本当のこの「静室宜しく　飲食節あり」の坐禅ですから、坐のときは坐に徹する、そういう坐禅をしていただきたい。

（平成二十八（二〇一六）年正月　松門寺坐禅會にて）

【提唱・六】　坐禅のやり方

尋常《よのつね》　坐處《ざしょ》には厚《あつ》く坐物《ざもつ》を敷《し》き　上《うえ》に蒲團《ふとん》を用《もち》う　或《あるい》は結跏趺坐《けつかふざ》
或《あるい》は半跏趺坐《はんかふざ》　謂《いわ》く　結跏趺坐《けつかふざ》は　先《ま》ず右《みぎ》の足《あし》を以《もつ》て左《ひだり》の䏶《もも》の上《うえ》に安《あん》じ
左《ひだり》の足《あし》を右《みぎ》の䏶《もも》の上《うえ》に安《あん》ず　半跏趺坐《はんかふざ》は　但《た》だ左《ひだり》の足《あし》を以《もつ》て右《みぎ》の䏶《もも》を壓《お》すなり
寛《ゆる》く衣帶《えたい》を繋《か》けて　齊整《せいせい》ならしむべし　次《つぎ》に右《みぎ》の手《て》を左《ひだり》の足《あし》の上《うえ》に安《あん》じ
左《ひだり》の掌《たなごころ》を右《みぎ》の掌《たなごころ》の上《うえ》に安《あん》じ　兩《りょう》の大拇指《だいぼし》　面《むか》いて相拄《あいさそ》う

【大義】

ふだん、坐る場所には厚く敷物を敷き、その上に坐蒲を置く。そして結跏趺坐、または半跏趺坐で坐る。結跏趺坐というのはまず右の足を左の腿の上にのせ、そして左の足を右の腿の上にのせる。半跏趺坐の場合はただ左の足を右の腿の上にのせればよい。衣服や帯はゆるめにして整える。次に右の手を左の足の上に置き、左の手のひらを右の手のひらの上に置き、左右の親指が向かい合っておたがいに支える。

今日は嵐で交通機関が乱れて、来られない方がだいぶ多かったようですね。それとインフルエンザに罹ったという人が何人かおり、お休みされました。私も先週、家内の母親がインフルエンザに罹りまして、一人暮らしをしていたんですけれども、こちらで預かって、これは絶対やられるなと思っていたんですが、やっぱりうがいと手洗いというのは効くもので、なんともなくいま過ごしております。よくうがいと手洗いしなさいと言いますけれども、まあ効くもんだなと思っているわけであります。みなさんも気をつけていただきたいと思います。

この時間は『普勧坐禅儀』をみなさんにお話しています。道元禅師が中国で本物の佛法を学んで日本へ帰ってきて、日本にこれから坐禅を広めなければいけない、そういう意気込みのもとに書かれた『普勧坐禅儀』でありますね。

これまでのところは、坐禅とは「原ぬるに夫れ　道本圓通　爭か修證を假らん」、本当のことを尋ねてみれば、本来のことはどこにも行き渡っているものである。「宗乘自在何ぞ功夫を費さん」、本当の大事なことはわれわれが何かをして得るものではない、その真っ只中にいるそのことに気づくんだ。そういうような「宗乘」、坐禅とはこういうものだということでありましたけれども、今日のところからは少し坐禅のやり方に入っていきます。

『普勧坐禅儀』は、言ってみれば、これから日本に坐禅を広めていくことにあたりまして、本当の大事なことはこういうことなんだ、そして坐禅のやり方はこうなんだというこ とを書いているわけでありますから、すべてがもうこの『普勧坐禅儀』の中に含まれている。もうこれだけ読んでいれば、坐禅のことはそれで十分である。『正法眼蔵』も本当は読むこともない。そんなようなものでありますね。坐禅とは、ということが書いてあって、坐禅のやり方が書いてあって、そして本来の自分に気づきなさい、そういうことがこの短い文章の中にすべて詰まっています。

いま松門寺では、夜坐の最後の時間にこの『普勧坐禅儀』を読んでいるわけです。こういうふだん読んでいることが、ふと気づいたときに、その一節が頭の中をよぎる。意味としてよぎるのではなく、本当のことはこういうことだったんだなということがよぎる。

「宗乘自在　何ぞ功夫を費さん」、そういう言葉がすっとよぎる。そういうことなわけですね。ですから夜坐のときに音読をし、そしてここで少し難しいところを意味として調べるというようなことで、やっていければいいと思うところであります。

尋常《よのつね》　**坐處**《ざしょ》には**厚**《あつ》く**坐物**《ざもつ》を**敷**《し》き　**上**《うえ》に**蒲團**《ふとん》を**用**《もち》う

今日のところは、純粋に坐禅のやり方ということですね。松門寺でこのあいだお寺の奥さん方の集まりがありまして、坐禅堂をちょっと見学してもらったのですけれども、「この蒲団は何ですか」と言うんですね。みなさん方も曹洞宗の大本山永平寺あるいは總持寺へ行ってみるとわかりますが、松門寺の坐禅堂にあるような蒲団は使わないんですね。じかに畳の上に坐蒲を敷いて坐る。臨済へ行った方は、この蒲団というのはけっこうお馴染みなんじゃないでしょうか。

發心寺では、この倍の大きさの座蒲団を使います。倍の大きさの座蒲団を使うというのは、坐禅堂というのは雲水が寝起きをするところなんですね。ですから一人に畳一畳を与えられるわけです。その前に戸棚のようなものがあって、そこにしまっておく。そこからずるずると引き出して使うのですけれども、下に敷くグレーの座蒲団が二つ折りになっているんです。二つ折りになっていて、夜になると、これを開いて、敷蒲団にするというのが普通のことなんです。

まあこういうのが發心寺にあり、私もやはり最初に鶴見の總持寺で修行しておりましたので、發心寺に行ったときは正直驚きました。こういうものを使うんだということを、その当時、どこでも見たことなかったもので。

しかしながら『普勸坐禪儀』を見てみますと、「尋常　坐處には厚く坐物を敷き　上に蒲團を用う」と書いてあるんですよね。坐物とは何かというのはいろいろあるんでしょうが、私はこの座蒲団を使っています。単蒲団と言うんですけれど、これを使っていることのいいところは坐りやすいことですね。畳にじかに坐っていると、ちょっと長時間やっていると、膝が痛くなったりとか、冬は寒々としてくることがあります。これの上に坐ると、冬でも温かいですね。温かくて膝も楽だし、そのぶん坐りやすい。

ただし乗るときに、畳の上にじかだとくるっと回るんですけど、これだと摩擦があってくるっとは回れないんですね。そこがよくないんですけれど、まあうまく坐っていただきたいと思います。發心寺なんかでも一度でお尻でするっと回るというよりも、立ってぐるっと回るような人も多かったようですね。

臨済ではこの丸い坐蒲は使いませんね。高さを調節するのに少し単蒲団の端を折り曲げて、そこに坐るということであります。

曹洞宗では、松門寺もこういう形で坐っておりますけれども、私のいた發心寺も、こういう感じで坐っているわけですね。それは『普勧坐禅儀』どおりと言えば、『普勧坐禅儀』どおりです。

或《あるい》は結跏趺坐《けつかふざ》　**或《あるい》は半跏趺坐《はんかふざ》**

この結跏の「跏」というのは、足枷の「枷」じゃないですね。足枷の枷は木偏ですから。結跏趺坐はどうも足枷みたいな感じがしますけれども、まあそうじゃない。足を組むということが、跏という字ということですね。

謂《いわ》く　**結跏趺坐《けつかふざ》は**　**先《ま》ず右《みぎ》の足《あし》を以《もつ》て左《ひだり》の䏶《もも》の上《うえ》に安《あん》じ**　**左《ひだり》の足《あし》を右《みぎ》の䏶《もも》の上《うえ》に安《あん》ず**
半跏趺坐《はんかふざ》は　**但《た》だ左《ひだり》の足《あし》を以《もつ》て右《みぎ》の䏶《もも》を壓《お》すなり**

まさにそのとおりですね。まあなかなか足の組めない方もあったり、足のちょっと痛い方もあったりしますが、ここではお尻の下に蒲団を敷いて正座のような形で坐ってもらうとか、いろんなやり方でやってくださってけっこうです。あまり無理をしないでやっていただければいいと思います。

ただ私が思うのは、結跏趺坐というのは足が固まる、もう身動きがとれない。そういうところがあって、あまりふらふらしないから落ち着きやすいような感じはありますね。身体の自由度が心の自由度と同じようなところがあって、ふらふらすると集中しにくいようなところがあるかもしれません。ここでは椅子の方もあり、いろんなやり方でやっています。椅子で坐ると足先が寒いですから、その対策はしておいたほうがいいと思います。

私たちお坊さんは衣を着てやりますから、結跏趺坐とか半跏趺坐は足が温かいです。衣のここのあたりは膝掛け、これもこうやって膝の上にのせ、こっちも膝にのせ、手もこうやって冬はやりますので、温かいです。みなさん方はズボンとか作務衣でやる方が多く、袴の方もそうですけれど、ちょっと足が出るんですね。私たちは足を組むと衣の中に全部包んでしまうような形になります。なかなか衣というのは機能的にできているところがあるわけですね。

みなさん方は坐禅は裸足でやると思われているようで、私どもでも規則に厳しいところではそういうことになっています。しかし、みなさん方がズボンでやるとき、作務衣でやるとき、あるいは袴でやるとき、足がちょっと出てしまうでしょ。膝掛けを使ってくださってもけっこうですけれど、ちょっと寒い感じなわけですね。私たちみたいに衣を着ていると、足がくるまれているので大丈夫なんですけれども、みなさん方がわざわざ裸足になるのは、私はそうしなければならないと言ったことはここでは一度もないんですね。ただみなさん方はあちこちで坐禅をされた方が多いので、坐禅のときには靴下は脱ぐものだと、そういうことで来られますから、まあ自由にしてくださいということですけれども、別にここでは靴下は脱がなくてもけっこうです。まあ寒さということから、そういうことにしています。

寛《ゆる》く衣《え》帯《たい》を繋《か》けて　齊整《せいせい》ならしむべし

松門寺ではジャージは禁止ということになっています。「ジーパンはいいのか」と、ときどき聞かれる方がありますけれども、そのへんは私のほうではジーパンはだめだということは言っておりません。ただジャージというのは、寝間着というかそういう印象を受けるので、あまりよくないということです。私たちが坐禅をするときは本当に正式な格好、衣の上にお袈裟を掛けて坐禅をするんですね。本当に一番正装で坐禅をするわけですので、

ジャージとか半ズボン、そういうようなものは避けていただいているわけであります。

みなさん方にちゃんとスーツで来なさいとか、そういうわけではありません。やっぱり少しゆったりとした服装でないと、身体が締め付けられるということが気になったりするわけです。着物というのはそのへんが便利で、衣は特にものが大きいですから、いろいろとゆるめにしても何の問題もない。坐禅は衣の場合はなかなかしやすい。着物はちょっと難しいです。袴をはくにしても、坐禅のやりやすさやりにくさからすると、あんまりややすいとは言えないような感じがしております。「寛く衣帯を繋けて　齊整ならしむべし」。

次からがおもしろいですね。

次《つぎ》に右《みぎ》の手《て》を左《ひだり》の足《あし》の上《うえ》に安《あん》じ　左《ひだり》の掌《たなごころ》を右《みぎ》の掌《たなごころ》の上《うえ》に安《あん》じ
兩《りょう》の大拇指《だいぼし》　面《むか》いて相拄《あいささ》う

法界定印《ほっかいじょういん》という印なんですけれども、きちんと坐禅をするときには、ひとつの形を決めていく。そうすると締まるというか、そういうところがあります。あまりだらっと何でもいいやというのだと、心も何でもいいやとだらんとしてくる。そういうひとつの決まりがあるわけであります。

そんなところで進めていただければ、問題ない。まあここでは結跏趺坐であることを求めません、半跏趺坐であることも求めません。それぞれがそれぞれの身体の調子によって、基本的には少し姿勢を整えて、長い時間じっとしている、そのことがひとつの基本です。そういうなかで坐禅をしていただければ、結跏趺坐であろうが半跏趺坐であろうが正座であろうが椅子であろうが、大丈夫だということです。

ただやっぱり結跏趺坐になると身体がこう決まってくると言うんですか、そういうところがあるので、なるべく結跏趺坐、半跏趺坐、正座、椅子とありましたら、いままでやってきたことから少し身体が決まる方向へ挑戦してみたらいかがかなと思います。

まあ足が痛いと言う人がよくいますけれども、私の経験では、足は動かすと痛くなります。痛かったから少しもぞもぞと動かしてみる、そうすると倍痛くなりますね。最初から決めて坐って、一時間なら一時間やってみよう。そうするとだんだん慣れてきて、静かに坐れるようになるということであります。

動き始めると、とてつもなく動かなければならないんですね。のべつまくなしに動かなければならなくなる。そうすると隣の人にも迷惑をかける。そんなことになりますので、動いてはいけないということではないですが、この一時間は動かないように決めてみようとか、そういう坐り方がいいかなと思っております。
今日は坐禅の方法的なことでありましたけれども、こうしたことを参考にして坐ってください。

（平成二十八（二〇一六）年二月　松門寺坐禅會にて）

【提唱・七】　坐禅は手段ではない

乃《すなわ》ち正身端坐《しょうしんたんざ》して　左《ひだり》に側《そばだ》ち右《みぎ》に傾《かたむ》き　前《まえ》に躬《くぐま》り後《しりえ》に仰《あお》ぐことを得《え》ざれ
耳《みみ》と肩《かた》と對《たい》し　鼻《はな》と臍《ほぞ》と對《たい》せしめんことを要《よう》す　舌上《したうえ》の顎《あぎと》に掛《か》けて
唇齒《しんし》相著《あいつ》け　目《め》は須《すべか》らく常《つね》に開《ひら》くべし　鼻息《びそく》微《かす》かに通《つう》じ　身相《しんそう》既《すで》に調《ととの》えて
欠氣《かんき》一息《いっそく》し　左右搖振《さゆうようしん》して　兀兀《ごつごつ》として坐定《ざじょう》して　箇《こ》の不思量底《ふしりょうてい》を思量《しりょう》せよ
不思量底如何《ふしりょうていいかん》が思量《しりょう》せん　非思量《ひしりょう》　此《こ》れ乃《すなわ》ち坐禪《ざぜん》の要術《ようじゅつ》なり

【大義】

要するに正しく坐り、前後左右に傾いたりせず、耳を肩に対し、鼻を臍に向かわせる。舌は上あごにつけ、口を結んで眼は常に開いておく。呼吸は静かにし、身相を整える。そして深呼吸し左右に体を揺らして整え、兀兀と坐る。そしてこの本来という考えも及ばないところを考えてみよ。考えも及ばないところをどう考えようか。考えにあらざるところ、これが坐禅の肝心なことなのである。

乃ち正身端坐《すなわちしょうしんたんざ》して　左《ひだり》に側《そばだ》ち右《みぎ》に傾《かたむ》き　前《まえ》に躬《くぐま》り後《しりえ》に仰《あお》ぐことを得《え》ざれ

正しく坐り、左に傾いたり右に傾いたり、前にくぐまったり後に反ったり、そういうことをしない。

耳《みみ》と肩《かた》と對《たい》し

面白い言い方ですね。要するに横を向いていたら、耳と肩は対さないわけです。あちこちきょろきょろしていたら、耳と肩は対さない。

鼻《はな》と臍《ほぞ》と對《たい》せしめんことを要《よう》す

まっすぐ見ていると、ちょうど鼻の穴が臍の穴を見ている感じでありますね。これも面白い言い方でありますけれども、やっぱり上を向いたり下を向いたりすると、鼻と臍が対しないわけです。つまり正しい姿勢で坐りましょうということですね。

ここからは非常に細かくなります。

舌上《したうえ》の**顎《あぎと》**に**掛《か》**けて

普通にしていれば、だいたい舌は上のあごについているんだと思いますが、まあ口をあんまりパカッと開かない、というようなことでしょう。

唇歯《しんし》相著《あいつ》け

唇をきちんと結び、

目《め》は**須《すべか》**らく**常《つね》**に**開《ひら》**くべし

これは前にも申し上げたことがあるのですけれども、『寶慶記《ほうきようき》』(10)という本があります。やはり道元禅師のお話を写した本ですが、それには「目は閉じてもいい」というようなことが書いてあります。ここでは「常に開くべし」と書いてありますけれど、私はどちらでもいいのではないかと思います。まあ目をつむって寝てしまうような人は、目は開いてください。目をつむって寝ないような自信がある人は、目をつむってもけっこうだと思います。そういうような感じでいつもお話はしております。

鼻息微《びそくかす》かに**通**《つう》じ

息を静かにして、

身相既《しんそうすで》に**調**《ととの》えて　**欠氣一息**《かんきいっそく》し

まあ深呼吸のようなことをして、

左右揺振《さゆうようしん》して　**兀兀**《ごつごつ》として**坐定**《ざじょう》して

最初に少し体を横に揺すってみると、体の中心がわかって、先ほどあったような「左に側ち右に傾き」というようなことがなくなりますよ、ということであります。

私たちはお坊さんとして本山に行きますと、まずこれを坐禅として叩きこまれる。ちょっとでも動いたり傾いたりすると、先輩が警策《きょうさく》を入れにくる。私は本山で、びしっと、絶対に動かない坐禅をやっておりました。動かない自信もあったし、眠らない自信もありました。

そんななかで、あるとき發心寺に行きました。最初に原田老師とお会いしたとき、「坐禅のとき動いてもいいですよ」と言われたのです。これは本山の坐禅からすると、本当に目から鱗のようなものでありました。そんなことをしていいのか、という感じでした。そういう「ゆるやかな坐禅」と言うのでしょうか、「そういうものもあるのだな。本当にびしっと動かない、不動の坐禅、それがすべてではないんだな」ということを、そこで初めて知るわけですね。

この松門寺もそういうことで、「少し動いてもいいですよ。ただ隣の人に迷惑はかけないようにしてください。あまりごそごそすると隣の人が迷惑しますよ」ということでお願いしております。

私たちは本当に最初に本山に行って、そういう厳しい坐禅、動いてはいけない坐禅をしてきたわけです。このようなことに疑問を差し挟む余地はないですね。疑問をちょっとでも本山で言ったらこっぴどく叱られる、そういうような形におりました。

しかしながらみなさんは、ちょっと動いてもいいですよ、そういう少しあまい坐禅をやっている。私たちは否応なく形から入っていったところがありますが、ある程度自由な雰囲気になりますと、ふとそこで疑問が起こるわけですね。私などは本山で疑問の出しようがなかった。しかしながらみなさんは、ふと疑問に思う、なぜこんなことをしなければいけないのか。

　みなさんもときどき独参で、そういうことを聞いてきます。いま読んだこの「正身端坐して　左に側ち右に傾き　前に躬り後に仰ぐことを得ざれ」、そういうことにふと疑問を持つ、なぜこんなことをしなければいけないのか。しかしながら、そういうふうに思ってしまう人は、この坐禅を手段と見ているということでありますね。プロセスと見ている、方法と見ているということです。

　坐禅は方法でもないし、プロセスでもないし、手段でもないはずです。私たちがそういうことに「なぜ」と思ってしまう、「どうしてこんなことをするのか」と思ってしまう。それはみなさんのなかに、「坐禅をして、悟りを開く」、そういうプロセスとして見る見方があるからではないでしょうか。

　そうじゃないんだ、坐禅というのは「いま」のことなんだ。「私」も手段も、本当の「いま」には何もない。私たちが手段と考えるから手段になる、プロセスと考えるからプロセスになる、方法と考えるから方法になるのではないでしょうか。坐禅は方法でも何でもない。ただその坐禅だ、いまの坐禅だ、ということであります。
だから、私たちが本山で叩き込まれた、疑問を差し挟んだら怒られる。またそれもいいんですね。もう頭ごなしに坐禅をさせる。それもまたひとつの方法なんです。私は本山から發心寺に行きまして、警策は使わない、少し動いてもいい、そういう坐禅を始めてきましたので、このまま続けようと思いますけれども、そこに本当は疑問を差し挟む余地はないということを知るべきだ、ということであります。

道元禅師の『辨道話』の中には、いろんな一般の方からの問いが書かれています。そのなかに「なんぞひとり正門《しょうもん》とする（坐禅がなぜ正しい門なのか）」、そういうことを聞かれているところがあります。それに答えて、

大師《だいし》釋尊《しゃくそん》、まさしく得道《とくどう》の妙術《みょうじゅつ》を正傳《しょうでん》し、又三世《またさんぜ》の如來《にょらい》、ともに坐禪《ざぜん》より得道《とくどう》せり。
このゆゑに正門《しょうもん》なることをあひつたへたるなり。
しかのみにあらず、西天東地《さいてんとうち》の諸祖《しょそ》、みな坐禪《ざぜん》より得道《とくどう》せるなり。
ゆゑにいま正門《しょうもん》を人天《にんてん》にしめす。

みんな坐禅をしてこの正法をいまここに伝えてきたのだ。そして坐禅によって得道して

きたのだ。だからこのことを次に伝えるのだ。そういうお示しがあるわけですね。みなさん方も、なぜという疑問を持ってはいけないということではないですが、なぜということが、坐禅を手段にしていないかどうか、方法にしていないかどうか、もう一度よく考えてみていただきたいと思います。

「兀兀として坐定して」。「兀」というのは辞書などを調べますと、「高くそびえるさま」ですね。そういうわけで、みなさんのなかにも「きれいに坐る」ということを目指している方がいる。何も考えずに、本当にすっきりした状態で坐るということを目標にされている方がおられる。坐禅というのは状態を求めるものではないから、「兀兀」、何か坐りにくいなとか、足が痛いなとか、眠いなとか、そういう「すっきり」でなくたって、それがその人の「いま」なんですね。それを排除して、すっきりした状態を求めるのは、本当の坐禅ではないということなんです。

そして今日の最後のところですが、

箇《こ》の不思量底《ふしりょうてい》を思量《しりょう》せよ　不思量底如何《ふしりょうていいかん》が思量《しりょう》せん　非思量《ひしりょう》
此《こ》れ乃《すなわ》ち坐禅《ざぜん》の要術《ようじゅつ》なり

これもみなさん、質問に来られる方がいます。「どうすりゃいいんだ」という方がけっこう多いですね。まあこの「どうすりゃ」というのも、やはり「坐禅というのはどうするものなのか」ということを前提にお聞きになっているのですね。疑問に思っている。何かをするべきではないか。こういう方法をとるべきではないか。そういうひとつの手段として考えているから、この本当のところがわからないわけです。

「箇の不思量底を思量せよ」。まあこれが問題なのでしょうけれど、「不思量底」を、「考えられないところ」を、考えろ。ここで本当は月を見てほしいんですね。「不思量底を思量せよ」。こんな無理難題はあるわけないですね。考えないところを考えろ。これはまあ、大学とかでやる論理学ではありえない命題ですね。

しかしながら坐禅においては、言葉を駆使して、月を指す、月の方向を見る。言葉を研究するんじゃない。こういうことを言う人も、言葉を駆使して月を見させる、そのことがあるわけです。そのことに気づくべきですね。

「坐禅というのは無になることで、考えてはいけないんだ」という人が、どこで聞いてきたのかわかりませんが、大勢おるわけです。この坐禅會で、考えてはいけないということは一度も言ったことはないです。

人間はやはり頭があるかぎり考えるわけです。これを否定したら死ぬしかないと私は思っておりますけれども、ただし「本来」――ここでは「本来の自己」ということをお聞きしておりますけれども――というのは考えた結果ではない、思量した結果ではない。思量したということは「私」の考えということですから、それは本来とはまったく違う、それは頭の中で考えたこと、ということです。考えてはいけないということではないけれども、みなさんが考えた答えを持ってくる、それが問題だということであるわけですね。

そんななかで「不思量底を思量せよ」。本当のことは「思量」と関係がない、われわれが下衆《げす》の勘ぐりのようなもので、本来というのは、ああだ、こうだと言います。こうではないか、ああではないか、いろんなことを言います。しかしそれはやはり考えたこと。私たちが考えようが考えまいが、本来というのは本来なのです。

だからみなさんが一所懸命考えるのも、まあいいでしょう。考えるならとことん考えたらいいでしょう。でも本当の本来ということは、そういうこととは関係なくありますよ、ということであるわけです。それがまあ「非思量」ということです。

「此れ乃ち坐禪の要術なり」。私たちがどうしても下衆の勘ぐりのようなもので、いろいろなことを考える。しかしながら勘ぐっても勘ぐらなくとも、本来は本来なんです。そうじゃないですか、ということですね。

まあその思量というところに、本来はない、それが「坐禅の要術」、坐禅の大事なところだということであるわけですね。坐禅を手段としない。思量、考えてもいいけれども、本来というのは、考えても考えなくてもあるということですね。

それでは時間になりましたので、坐禅のほうに移ってください。

（令和元（二〇一九）年八月　松門寺坐禅會にて）

鶴壽水

【提唱・八】　安楽の坐禅

所謂《いわゆる》坐《ざ》禪《ぜん》は習禪《しゆうぜん》には非《あら》ず　唯《ただ》是《こ》れ安樂《あんらく》の法門《ほうもん》なり　菩提《ぼだい》を究盡《ぐうじん》するの修證《しゆしよう》なり
公案現成《こうあんげんじよう》　羅籠《らろう》未《いま》だ到《いた》らず　若《も》し此《こ》の意《い》を得《え》ば　龍《りゆう》の水《みず》を得《う》るが如《ごと》く
虎《とら》の山《やま》に靠《よ》るに似《に》たり　當《まさ》に知《し》るべし　正法《しようぼう》自《おのずか》ら現前《げんぜん》し
昏散《こんさん》先《ま》ず撲落《ぼくらく》することを　若《も》し坐《ざ》より起《た》たば　徐徐《じよじよ》として身《み》を動《うご》かし
安詳《あんしよう》として起《た》つべし　卒暴《そつぼう》なるべからず

【大義】

坐禅というのは、何かを習うということではない。ただただ安楽の道なのである。そして悟りを究める修行であり結果なのである。公案の答えはすでに目の前にあり、ざるのような言葉によって到るものではない。このことがわかれば、龍が水を得、虎が山によるようなことである。本当のことは自ずから目の前にあり、混迷も最初に雲散してしまうだろう。坐から立ち上がるときには、ゆっくり身を動かし、静かに立ち、乱雑になってはならない。

この時間は、道元禅師が中国で坐禅を学び、日本に帰ってきたとき初めて書かれた『普勸坐禪儀』という本をお読みしております。今日は八回目ということであります。

所謂《いわゆる》坐禪《ざぜん》は習禪《しゅうぜん》には非《あら》ず

どこかでみなさんも聞いたことがあるかもしれない、有名な言葉であるわけです。「坐禪は習禪には非ず」ということは、禅は習うものではないということです。私たちは人間として生まれてきて、いろんなことを学び、今日に至ってきたわけですね。ですからどうしても坐禅というものも、何かを学ぶものである。そういうふうに思いがちである。しかしながら坐禅というものがそういう学ぶものであるとしたらば、そこらのいわゆる人間が何かを獲得することと同じになってしまう。

私たちはどうしても、何かをするということと、何かであるということを、非常に重要に思っておるわけですね。何かを成し遂げる、あるいは何である、どういう地位である、どういう名前である、どういうことである、そういうようなことを非常に大事に思う。

しかし、私たちがみなさんに問いかけるのは、そういうことが本当に大事ですか？　あるいは、何かを成し遂げるということが本当に大事でしょうか？　そういうことを問うわけでありますね。ですから、そういう何かであることを目指す、何かをすることを目指す、そういう何ものかを習うということではないということであります。

唯是《ただこ》れ安楽《あんらく》の法門《ほうもん》なり

むしろ何かであることを手放す、何かをするということから離れる、それが坐禅であるわけであります。その何かである自分から離れて、何でもない自分というもの、それが一番の安楽の法門であるということですね。

もともと何でもないという安楽を、だれもが持ち合わせている。常に何かであることを求める、それはまあご苦労さんということです。坐禅というのは、そういう何かであるということから離れ、何かをするということから離れる。だから習禅ではないということです。禅を習うのではないということであるわけです。

「唯是れ安樂の法門なり」。しかしながら私たちは、どうしてもいままでの何かをする、何かであるということから離れがたい、そして坐禅のなかにもそういうものを求めてしまう。たとえば、無になるということを求める、あるがままということを求める、そういうことになってしまう。坐禅から言えば、何かである道、何かをするという道は、どちらかというと苦難の道である。そんな苦難の道から離れて、もともと持っている安楽の法門、そこに足を据えたらいかがでしょうというのが、坐禅の一番のところであるわけですね。

あるいはみなさんは、修行という苦難の末に安楽があるということを思われたりする。いままでもそうであった。一所懸命努力したあとに、何かこう果実というものが得られてきた。だから坐禅も、いっときの苦難の道を経て、安楽の法門に至るように思われる方もあるかもしれません。

そうではない。もともとの安楽なところへ帰ってください。わざわざ苦難の道を進むのではなく、もともとそこに立っていたらいかがでしょう、というのが坐禅のことであるわけですね。

だから、「所謂坐禪は習禪には非ず　唯是れ安樂の法門なり」と言うわけです。坐禅をしていて、どっちかというと苦しい、苦難の道を歩んでいると感じたら、少し方向が違うんじゃないかと、思っていただければいいと思うんですね。

菩提《ぼだい》を究盡《ぐうじん》するの修證《しゅしょう》なり

「菩提」というのは、インドの言葉で「阿《あ》耨《のく》多《た》羅《ら》三《さん》藐《みゃく》三《さん》菩《ぼ》提《だい》」というのがあるのですが、非常に長い言葉なので、一番下の菩提というのをとって、菩提と言っている。「菩提」を普通に訳すと「道」――「どう」とか「みち」――、あるいは「悟り」。本当の何でもないこと、もともと持っている何でもないこと、この上ない安楽ということ、本当にそのことに気づくというのが阿耨多羅三藐三菩提、悟りということです。

みなさん方、よくお話を聞いてみると、悟りというのは、非常に苦しい修行をしたあとに達する特別な境地のように思われている方が非常に多い。どういう状態になったらいいのか、いろんなことをおっしゃいます。

ですけれども、本当のところは、そういう特別な境地というのは、どうしても一過性と言うんですか、いっときのものである。そういうものはちょっと目が覚めてみれば、元の木阿弥ということになってしまう。そういうことではない。もともと持っている、この上ない安楽、何でもないという安楽、そのことに気づいてくださいということです。

よくたとえるのが、私たちは水の中で水を求めているということを言います。本来という何でもないものの真っ只中にいて、本来を求める。そういうことであるわけで、水はいまここにある、特別な境地が必要なわけではない、ということであるわけです。

「菩提を究盡するの修證なり」、「究盡」というのは極め尽くすといった意味で、極め尽くす「修證なり」。「修」は修行であり、「證」はその証《あかし》ということでありますけれども、「修行をして、証を得る」とすると、さっきも言った、何かをして何かを得る、ということになってしまう。特に『正法眼藏』とか道元禅師の言葉の中では、修証というのは修も証もひとつのことです。

私たちは修行して悟りを開くというように、そういうひとつの物事を分解して見ますけれども、もともと分解するものは何もない。私たちは「本来」とかを分析して、精神と肉体とかを考えますけれど、「どこからどこが精神で、どこからどこが肉体なんですか」と問われるとなかなか難しい。もともとは精神というものも肉体というものも、いまここにあるものである。私たちが分解して分析しても、もともと埒があかないものであるわけですね。

ですから、「身心」と言うと、「身」と「心」と普通は言うんですけれども、『正法眼藏』の中では身と心を分けるのではなく、身心一体の「いまここ」ということを言っているわけです。道元禅師が「身心脱落」という言葉を師匠の前で言ったと言いますけれども、身が脱落するとか、心が脱落するとかいうことではなく、もうすべてがひとつに脱落したということであるわけですね。

すべてがと言うと、全体と一部とか言いますけれども、それもまたわれわれが分析したことである。全体も一部もないんですね。どうしても言葉というものは、物事を引き裂く働きがあります。物事というのはそんなに切り裂かれているものではない。そのことに気づいてくださいということです。

いまここに私たちがいる、そのことが修であり証である。坐禅をしているから修で、ということではない。いまここで息をしている、そういうことを全部含めて、修証だということ、本当のところということであるわけですね。

公案現成《こうあんげんじょう》

「公案」というのは、この松門寺でもみなさんに「本来とは何か」という問題を出しておりますけれども、問題であり答えであるということですね。公案、そういう「本来とは何か」ということも、いまここに現成している。答えそのものがここにある。しかしながら私たちは、公案というと何らかの答えを出さなければいけないと思って、いろんな言葉を駆使する。そういうようなことで、考えた結果、そういうものを持ってこられる。しかしながら本当のことはいまここにもう現成しているんだ、それが「現成公案」で「公案の現成」ということでありますよね。

羅籠《らろう》未《いま》だ到《いた》らず

着物を着る方はよくわかるんですが、羅の帯というのがありますね。羅の帯というのはすきまだらけの帯で、夏用の帯なんですけれど、「羅」というのはそういう織物のこと。「籠」というのはかご。すきまだらけの帯やかごのことを「羅籠」と言うわけです。

言葉というのはそういう羅籠であるということです。ある程度のものは掬い取ることはできるけれども、たとえば水を掬い取ることはできない。そういうようなもの、本当の「本来」というものを掬い取れるものではない。

私たちが朝読む『寶鏡《ほうきょう》三昧《ざんまい》』というお経の中に、「語いまだ正しからざるがゆえに」というのがあります。いまだに言葉というのは正しくないというのが、「羅籠未だ到らず」

ということと同じなわけですね。いっこうに言葉というのは正しくならない。まあそういうものだということであります。

「羅籠未だ到らず」、言葉という網は、どうしても本物に到ることはないということであります。「いま」こそがこの修証であり、この菩提である。もう何でもないという安楽の法門の真っ只中にいる。

若《も》し此《こ》の意《い》を得《え》ば　龍《りゅう》の水《みず》を得《う》るが如《ごと》く　虎《とら》の山《やま》に靠《よ》るに似《に》たり

このことが本当に自分のものとなれば、龍が水を得たように、虎が山によったようになる。龍にとっての水が、虎にとっての山であるわけですね。人間にとっては、まあ仮に「本来」と言えますけれど、本物のところ、本当のところ、何でもないということの安楽のところ、そこにいるから、何でもないというところから始めるから、龍の水あるいは虎の山のようなものだと。

そういう本当の、原点と言うんですか、そういうところから始めないから、言葉というものから、考えというものから始めるから、いろんな考えにとらわれる、そういうことに縛られていくんだということであるわけですね。

當《まさ》に知《し》るべし　正法《しょうぼう》自《おのずか》ら現前《げんぜん》し　昏散《こんさん》先《ま》ず撲落《ぼくらく》することを

「正法」、本当の法というのは、自ずから現前し、私たちがそれに気づく、あるいはどうこうする、そういう以前にもう目の前にあるということです。私たちが呼び寄せるのでもない。もともとあるそのことに気づいてくださいというのが、坐禅だということであるわけです。

この頃、書をちょっと書いていて、独参の部屋に「自在」という言葉を書いてあります。自在というと、自由自在、自在になる、悟ると何でも簡単にできる、というようなことを言われる方が多いんですけれど、自在、自ずから在る、本当のことは自ずから在る。それに気づいてください。

「昏散先ず撲落する」、「昏」は暗い、「散」は散漫になるという意味で、そういうようなことも「撲落」、落っこちてしまう、そんなことはとっくにとれてしまう。この本当の何でもない自分ということに気づいてください、何でもないこの「いま」ということに気づいてください、何でもないこの「本来」ということに気づいてください、それが坐禅なんだ、決して習禅ではないということであります。

この次の行がどうしてここにぽこっと入るのかどうしてもわからないのですが、あとの来月の章のところにつけてもしっくりこないので、一応ここにくっつけておきました。どこかちょっと順番が違うのではないかなと思っております。

若《も》し坐《ざ》より起《た》たば　徐徐《じょじょ》として身《み》を動《うご》かし　安詳《あんしょう》として起《た》つべし　卒暴《そつぼう》なるべからず

坐禅から立ち上がるときは、ゆっくりと身体を動かし、静かに立つべきである、乱暴に立ってはいけない。一人で坐禅するときは、何でもいいんですね。少し乱暴に立ってもいいところがありますけれども、ここではみなさんが同時に坐禅をするわけですから、やっぱり隣の人がもそもそしだす、こちょこちょ動くとすごく気になりますね。そのことをちょっと考えていただきたい。

そして何度もみなさんに申し上げるのですが、坐禅をするときに、正座のような坐り方でも半跏趺坐でもけっこうですけれど、いったん足を上げる、痛いなと思って動かすと、またどんどん痛くなります。一回我慢して、四十五分坐ってみよう、これはなかなか坐れるものです。一回動かすと、ほかのところが痛くなったりして、なかなか耐えられない。だからしょっちゅう動かしていなければならない。一回あきらめて、四十五分やってみよう、そういうことだとけっこうもつものですね。

私なんか發心寺で百分坐禅をしましたが、百分坐禅もなんともないですね。またそのうち百分坐禅、単から降りなくていいというのをやりたいと思います。やってもけっこうですよ、降りなくても。途中で降りたりするのは問題ですけれど、続けてやるのはいいと思います。

そんなところで時間になりましたので、本当の安楽の坐禅ということで、何でもないという、ただ安楽の真っ只中にいるそこで、しっかり坐ってください。決して習禅ではなく。


（平成二十八（二〇一六）年四月　松門寺坐禅會にて）

【提唱・九】　超凡越聖

嘗《かつ》て観《み》る　超凡越聖《ちようぼんおつしよう》　坐脱立亡《ざだつりゆうぼう》も　此《こ》の力《ちから》に一任《いちにん》することを
況《いわ》んや復《また》　指竿針鎚《しかんしんつい》を拈《ねん》ずるの轉機《てんき》　拂拳棒喝《ほつけんぼうかつ》を擧《こ》するの證契《しようかい》も
未《いま》だ是《こ》れ思量分別《しりようふんべつ》の能《よ》く解《げ》する所《ところ》に非《あら》ず

【大義】

かつて居られた凡も聖も超えた祖師ら、坐しながらあるいは立ったまま遷化（死）した祖師らも、それこそこの坐の力によるものなのだ。また一指を立てて指導した具胝和尚、阿難尊者のために説法の竿を倒せと言った迦葉尊者、水に針を投じ境界を示した迦那提婆尊者、世尊のもとで世尊を讃える槌を打った文殊菩薩、拂子を振るい、拳を喰らわせ、棒で打ち、喝を入れる師匠と弟子の問答、思量分別などではとうてい理解できるものではない。

この時間は『普勧坐禪儀』というものをお読みしています。道元禅師が中国から帰って、日本にこの坐禅を広めなければいけないということで、最初に書いた書物であります。「普勧」、あまねく勧める、坐禅をみなに勧めるということでありますね。少し読んでいきたいと思います。

嘗《かつ》て観《み》る　超凡越聖《ちょうぼんおつしょう》　坐脱立亡《ざだつりゅうぼう》も　此《こ》の力《ちから》に一任《いちにん》することを

凡を超え、聖を越える、ということでありますけれども、普通に言えば、凡を超えるのが聖であるわけですね。一般の普通の人々が凡ですから、それを超えて聖となるわけです。しかしながら、ここでは「超凡越聖」、凡も超え、聖も越えるということでありますね。

いつも申し上げることでありますけれども、凡とか聖とかいうのは、結局は人間の基準にすぎない。凡人の域を超えて聖人になるんだ、そういうふうなひとつの物差しがそこに存在するということであります。しかしながらその物差しは、しょせん人間が決めた、あるいは人間の社会の中で決められた、人間界の中で決められた基準でありますから、そんなことは時代によっても変わるし、いろいろなことによって、主観によって変わるものであるわけです。

ただ佛教では「超凡越聖」という言葉を使って、凡も超え聖も越え、まあ言ってみれば、凡聖という、そういう基準というものも超えて、ということであるわけですね。あるいは凡も聖も超えなくてもいいということです。

凡とか聖とかいうのは人間の基準だから、それを超えるということは、そこにまた基準をつくりだすということでもあります。凡と聖ということにかかわりないんだ、という基準をつくりだす。人間はそういうひとつの物差しとか基準とか、そういうものをつくりたがりますね。まあ、比べっこしたがるわけです。一所懸命競争して、あいつより偉くなりたいとか、そういうようなことでありますから、そういう基準を捨てたところが基準になってしまう。「おれはもうすべての基準は捨てたんだ、偉いだろう」というわけです。

そういうことが「超凡越聖」ということですね。そういう凡も超え、聖も越えるということは、そんなものは超えなくていいんだ、ということでもあるわけです。そういう基準にとらわれなくていい、基準なんか放っておきゃいいんだ。それが「超凡越聖」ということですね。

その次の「坐脱立亡」。「坐脱」というのは、昔からときどき、坐って死んだ人、坐禅をしながら死んだ人がいるわけです。まあこれも、「坐禅をしながら死ぬんだ、すごい人だな」と思うわけですね。ただ、みなさんは坐禅しながら死ななくてもいいんだということじゃないでしょうか。

「立亡」というのは立ち往生ですね。立って死ぬ。この例もちょっと調べてこようと思ったんですけれども、どこかにそういう故事が書かれているんですね。昔からそういうように坐禅しながら死んだ人がいる。立ってそのまま死んだ人がいる。すばらしいじゃないかというわけです。

ここでは道元禅師は、そういう人たちも、おそらくは坐禅の力によっているのではないか、ということを言っていますね。もしそういうことがあるとしたら、そうなんですけれどもね。

まあ私たちは、そんな超人じゃなくて十分ですよね。凡も聖も超えるということは、凡でいいということなんですね。坐脱立亡もなくてもいい、聖を超えるなんてこともなくてもいいということで、あってもいいけれど、なくてもいい。まあそのぐらいに考えておきましょう。なければならないとか、そういうことではないということであります。

況《いわ》んや復《また》　指竿針鎚《しかんしんつい》を拈《ねん》ずるの轉機《てんき》

ここからは、師匠と弟子のやりとりのことを言っているわけです。坐禅の中で「指」と言えば、必ず思い出す人がいますね。倶胝《ぐてい》和尚、何を聞かれてもただ指を一本出した和尚です。坐禅の師匠と弟子のやりとりを『正法眼蔵』の中でも見聞きするわけですけれども、師匠としては何とか弟子が本当のことを自分のものにしてもらいたいということで、いろいろな功夫をするわけです。

けれども、なかなか言葉には限界がある。『寶鏡三昧』に、「語いまだ正しからざるがゆえに」ということがありますね。言葉はいまだに正しくない、本当のことを本当に伝えられるものではない。だからそれぞれのお師匠さんが功夫をしています。何を聞かれても指を一本出す、弟子がまねしたらその指を切り落とされてしまったという話もある。そういう倶胝と弟子のやりとり、そういうようにして坐禅を指導するほうとしては、いろんな功夫をしながらそういうことを伝えてきた。

「指竿」の「竿」、さおと言えばみなさん思い出すのは、「百尺竿頭《ひやくしやくかんとう》」でしょうか。「百尺の竿頭の先に一歩せよ」。われわれはその竿を握って、手放せない。竿といういままでの拠り所とかそういうものをちょっと放してごらんなさい。いままで大事に思っていたわれわれの拠り所、「私」という拠り所を手放してごらんなさいという指導です。

ただ、ここでの「竿」はちょっと違いまして、現在でもそうなんですけれども、説法をする場所には竿を立てる、旗を立てて、「ここで説法をしているよ」ということを示すのが習わしとなっています。松門寺では竿は立っていないんですけれど、「参禅」と書いてあるのがちょっとそういうところ、竿を立ててというようなところであります。

この頃棟方志功さんの十大弟子という作品があったりして、いろいろなところでお釈迦さんの十大弟子が絵になったりしております。目犍連《もっけんれん》であるとか、十人のお釈迦さんの弟子がいたわけです。

その中で禅宗でよく言われているのは、お釈迦さんの法を受け継いだのが迦葉《かしょう》尊者である。「拈華微笑《ねんげみしょう》」、大勢の弟子の前でお釈迦さんが花を拈じたら、迦葉尊者だけが大笑いをしたとか、微笑んだとかいうことです。そしてその迦葉尊者に法が伝わったということを、お釈迦さんが宣言したわけですね。

阿難《あなん》尊者というのは、非常に記憶力がよかった。十大弟子の中で多聞第一《たもんだいいち》と言われている弟子です。お釈迦さんの言葉はすべて記憶した。まあ、記憶したから悪い、それ以降お釈迦さんの言葉にとらわれてしまったということじゃないでしょうかね。だから阿難尊者は、お釈迦さんが生きているうちには法を伝えられなかった。そこで迦葉尊者に弟子入りをしたと言われております。

このへんの話は、史実かどうかちょっとよくわからないのですけれども、そういうことによって、坐禅の法がずっと伝わってきたということが言われているわけです。迦葉さんがお釈迦さんの法を受け継いだということで、阿難さんは迦葉さんのところに弟子入りをする。弟子入りをするのだけれども、やっぱりそのお釈迦さんの言葉とかそういうことにとらわれて、なかなか法は得られなかったと言われております。

そのときに迦葉さんは、説法の竿を倒したと言われていますね。言ってみれば、説法によって伝わるものではないんだということであって、説法ばかり、言葉ばかりにとらわれているから、なかなか法が得られないんだ、この竿というのは説法ということのひとつの象徴であるわけです。それを倒す。そんなものはいらないんだという、そういうことによって、阿難さんに指し示したということが言われております。「倒竿」、竿を倒す。迦葉さんが「拈華微笑」であれば、阿難尊者は「倒竿」、そのことによって法を得たと言われているわけですね。

この「針」というのは、龍樹《りゅうじゅ》尊者の逸話です。龍樹尊者というのはインドで『中論』とかいろいろな書物を書いた人です。私は龍樹尊者は複数いるような気がしているんです。中国では弟子と師匠のやりとりは記録されていまして、なかなかよくわかるのですけれども、インドはそういうところがないので、まあ憶測にすぎません。われわれからすると、坐禅の伝わった経路から、おそらく龍樹尊者も通っているのではないかということで、毎日、龍樹尊者のお名前も朝のお経の中で読み上げるわけなんですね。

その弟子が迦那提婆《かなだいば》。迦那提婆尊者を前にして、龍樹尊者がお水をいっぱいに張った器を差し出した。そうしたら迦那提婆尊者は針をそこに沈めたと言われています。本当かどうか私もわかりませんけれど、そこらに書いてある話では、あなたのような深い境地に至りましたということを、針が沈んだことで示したということです。それぞれ弟子と師匠のやりとりをいろいろに言っているわけです。

「鎚」というのは、文殊菩薩とお釈迦さんのお話です。文殊菩薩という人が実在かどうかはちょっとよくわからないところですが、まあ禅宗のなかでいろいろに言い伝えられているということです。

木の槌《つち》みたいなもの、木の丸太を立てたようなものが、松門寺の坐禅堂の佛さんの裏にもありますけれども、それをガッと打つんですね。それを槌《つい》と言うんです。槌砧《ついちん》と言うわけです。食事のときなどにも鳴らします。

お釈迦さんが壇の上に登ったとき、お釈迦さんは何にも言わずにすぐ降りたと言われています。しかしながら、文殊さんはそこでその槌(鎚)をガッと打って、「法王法如是《ほうおうほうにょぜ》」、法王の法はかくの如く、と言うわけですね。佛法の本当の王様はこのようなものであると。みなは説法すると思って、何かをしゃべると思って、待ち受けていたんですけれども、お釈迦さんは黙って、すっと降りてしまった。しかしながら文殊さんは、法の王様の法はこのようなものであるということを、宣言したわけですね。

まあそういういろいろな伝記のことを言っているわけで、そういうことによって、坐禅というものは伝わってきた。「指竿針鎚を拈ずるの轉機」、そういうことによって法が伝わる、弟子に対して転機となるということであります。

拂拳棒喝《ほっけんぼうかつ》を**擧《こ》**するの**證契《しょうかい》**も

「拂拳棒喝」、「拂」は拂子《ほっす》を振った人、拂子というのはわれわれがお葬式のときに使うのですが、毛がたくさんついたもので、もともとは蝿を追い払う道具だったと言われておりますけれども、払子を振るう。「拳」は本当にこぶしで殴るわけですね。それから「棒」と言ったら、あの徳山の三十棒、何を言っても三十回ひっぱたいた、棒でひっぱたいたというお話です。「喝」というのは、よく「カーッ」と言うわけですね。そういうことによる、言葉でない言葉で言うことによって、そのことを示す。払子で示す、拳で示す、棒で示す、喝で示す。

そういうようなことが伝わってきたのは、

未《いま》だ是《こ》れ思《し》量《りょう》分《ふん》別《べつ》の能《よ》く解《げ》する所《ところ》に非《あら》ず

思量分別によっては伝わらないものであるからこそ、そういうように指を立てたり、竿を倒したり、針で示したり、鎚で示したり、それから乱暴なのには、棒でひっぱたいたり、拳で殴ったり、カーッと言ったりとか、そういうことであります。それはあくまでも言葉によって、意味によって伝わるものではないからこそ、そういうことがあるんだ。そしてそういうことのなかに、本当の超凡越聖ということがある。

どうしても私たちは、意味というものにとらわれてしまう。言葉というものにとらわれてしまっている。昔からそういうように、指でもって、あるいは竿を倒して伝わってきた。

そういうことをよく考えてみなさい。本当の理解、あるいは意味を調べることによってわかることなら、そんなことはしないということなんですね。

しかしながら私たちは、どうしてもその言葉とか意味とかそういう物差しとかいうものにとらわれて、それを超えなければいけないんだとか、あるいは理解しなければいけないんだ、そういうことを思って、本当のことから遠ざかってしまうということであるわけです。本当のこととは何だ、それは思量分別でわかることであろうかどうか、よく考えてみなさいということであるわけです。

（平成二十八（二〇一六）年五月　松門寺坐禅會にて）

【提唱・十】　桶底を脱する

豈《あに》神通《じんつう》修證《しゆしよう》の能《よ》く知《し》る所《ところ》とせんや　聲色《しようしき》の外《ほか》の威儀《いいぎ》たるべし
那《なん》ぞ知見《ちけん》の前《さき》の軌則《きそく》に非《あら》ざる者《もの》ならんや
然《しか》れば則《すなわ》ち　上智下愚《じようちかぐ》を論《ろん》ぜず　利人鈍者《りにんどんしや》を簡《えら》ぶこと莫《なか》れ

【大義】

まして神通力や修行によっても知られるものではない。耳に聞こえ眼に見えるものでもない。まさに私たちの知見以前に佛法はある。だから頭がよいとか悪いとか、あるいは鋭いとか鈍いとかを気にすることもない。

この時間は『普勧坐禅儀』のお話をしています。先月のところは、坐禅あるいは「本来」とは、「思量分別」、われわれの考え、あるいは分別によっては、なかなかとらえることのできないものである、というようなことでありました。

「本来」というのは、私たちが考える以前のこと。佛教というのは、おおもとが「私」をどうするかということであって、「私」というものが何かを考え、意味とか価値を与えることからいろんな問題も出てくる。一番おおもとは、「私」ということであるわけです。やはり、「私」というものがあって考えがある、「私」というものがあって分別がある、ということでありますから、「思量分別」というところに「私」という、まあここでよく言う主語がついたままということになるわけです。ですから、「思量分別」によって解決しようとすることは、「私」がどうするこうするという範疇の中にある。「思量分別」によってはどうにもならないものなんですよというところが、先月のところであったわけですね。

豈神通修證《あにじんつうしゅしょう》の能《よ》く知《し》る所《ところ》とせんや

今日のところは、「豈神通修證の能く知る所とせんや」。「神通」というのは、神通力ということで、宗教と言いますと、こういう不思議な力を標榜するものがけっこうあるわけです。われわれの一般的な科学的な理解ではおよそ及ばないようなことをするのが宗教である、というようなことを考える方もいるわけです。宗教というのはいろんなことがあって、こういうものが宗教だというのは、なかなか決められないところがあるわけですね。

では佛教はどうかというと、佛教も歴史の中でいろんな考え方になったり、派生的にいろんな宗派ができてきたりしています。たとえば、否定的なことで言えば、雨乞いをするとか、そういうようなことがあったりするわけですね。雨乞いとかいうのはそういう不思議な力、人間には計り知れない力を借りているのかどうかは別として、そういうものに頼るわけです。宗教には、そういう不思議な力に頼るものも多いわけであります。

佛教もそういう不思議な力に頼るのではないかという方が、けっこうおられるんですね。私なんかも、ときどきなんですけれど、「お坊さんなんだから、過去が見えるんでしょう」と言われたりするわけです。まあ、そういうものではないということを、よくご説明したりします。

神通力というのは六神通と言いまして、みなさんにも有名な他心通というのがありますね、人の心を読む。それから天眼通というのがあります。天の眼と書きますけれども、何でもお見通しだというのが、天眼通。それから天の耳というのがあるんですね。何でも聞いてしまうので、そこらでひそひそ話をしていても聞いてしまうというようなことだったり、過去がどうだったか聞いてみたりというようなことがあります。まあどちらにしても、われわれが持っている五感の範囲ですむところではなく、ちょっと五感からは飛び越えたところにあるのが神通力ということであります。

少なくとも本当の佛教ということから言えば、そういうことと一線を画すものであるわけです。私はそういう不思議な力ということをあまり信じることはありません。そういう科学ではわからない力があるのだということを、あまり本当とは思えないわけであります。けれども、基本的なスタンスとしては、そういうものはあってもいいだろうし、なくても全然かまわない。そういう神通力があったから佛教が成り立つのでもないし、そういうものを否定するから佛教が成り立つのでもない。そういうものと関係なく、坐禅とか佛教はあるということです。

『論語』に、「怪力乱神を語らず」という言葉がありますね。怪しい力、乱れた神、われわれもそういうものを語らない。そういうものを信じる人は信じたっていいですよ。ただ佛教というものは、それとは別のところにありますということを、はっきり言わなければいけないですね。神通力で人の心を読めるからといって、じゃあ独参に通るか。私の心を読んで通る、まあできないだろうなと思いますよね。天眼通とか天耳通とかそういうものでもしできる人があったら、やってみてください。

「豈神通」、思量分別ではどうにもならない、まして神通力では。普通はこれは逆だと思います。思量分別ではどうにもならないから、神通力が必要だということになるのかもしれませんけれど、思量分別ではどうにもならないものであるから、まして神通力なんかで通じるものじゃない、という書き方をしているのですね。

聲色《しょうしき》の外《ほか》の威儀《いいぎ》たるべし

「聲色」、「聲」というのは耳に聞こえるもの、「色」というのは眼に見えるもの。耳に聞こえるもの、眼に見えるもの、それのほかの姿、それ以外の姿である。「威儀たるべし」、「本来」、あるいは坐禅、あるいは佛道、まあそういうものを言うわけであります。

「聲色の外の威儀」。先ほどの言葉で言えば、すべてのことが見える天の眼や、すべてのことが聞こえる天の耳であっても、そういう神通力ではどうしようもないものである。まあ言ってみれば、姿というものがない、こういうものであるという姿がない、それが「本来」ということの威儀である。眼に見えるもの、耳に聞こえるもの、そういうものとはちょっと違う。

那《なん》ぞ知見《ちけん》の前《さき》の軌則《きそく》に非《あら》ざる者《もの》ならんや

「那ぞ知見の前の規則に非ざる者ならんや」。ちょっとややこしい言い方でありますけれども、知見以前のことである。私たちが知る、見る、まあその知見の以前である。私たちは何かを知るとか、何かを見るとか、そういうことには非常に努力をするわけであります。一所懸命学問する、努力してそのことを知る、あるいは見解を持つ、そういうことがありますけれども、「知見の前」、知見以前である。

佛道というのは知見以前である。知見というのは、いわゆる先ほどの言葉で言えば、私の知見ということになりますね。そこに「私」というものが差し挟まれ、私がこう考える、私がこう知った、私がこう見たという知見であるわけです。

しかしながら、「本来」ということは、私が知ろうが、見ようが、その以前にすでにもう整っておるわけです。私が世界がないと考えたって、世界はある。いろんなそれぞれのお考えがあるでしょうが、その一人一人がどう考えようと、「本来」というものは厳然としていまこの眼の前にあるということであるわけですね。

それを「知見の前の規則に非ざる者ならんや」、知見以前である。どうして私たちは、「私」というものを立ててから物事をわかろうとしたり、知ろうとしたりするんだろう。私たちが知ろうが、わかろうが、わかるまいが、そんなこと以前に、本当のことはそこにあるじゃないか、ということであるわけです。

然《しか》**れば則**《すなわ》**ち　上智下愚**《じょうちかぐ》**を論**《ろん》**ぜず　利人鈍者**《りにんどんしゃ》**を簡**《えら》**ぶこと莫**《なか》**れ**

知見ということで言えば、一般世間ではその人の能力とか、あるいは分析能力とか、そういうことが非常に大事になってくるわけです。しかしながらここでは知見以前ということですから、「上智下愚を論ぜず　利人鈍者を簡ぶこと莫れ」、上智も下愚も、利人も鈍者も、そんなことは関係ないということです。

松門寺にもいろんな方が来られるわけでありますけれども、ここの坐禅會というのは、それぞれがホームページを見るなり、あるいは人に聞くなりして来られるものですので、ある程度坐禅に対する興味とか、そういうものがあって来られるんですね。そのような方々は本当にさまざまです。

最初のころは、ホームページもあまり一般的ではなかったので、それを見て来られる方は大きな会社や研究所、大学などにお勤めの方とかでした。近頃ではどなたでもホームページを見られるのですから、徐々に裾野も拡がっていったわけです。さまざまな仕事の方、性別も年齢もいろいろです。このことを「上智下愚を論ぜず」と言うのです。「利人鈍者を簡ぶこと莫れ」と言うのです。

みなさん方は、どちらかと言えば頭がよすぎる「上智」なんですね。ここではむしろ「下愚」になれというのです。何でもわかろうとしてしまう。これは頭がよすぎる「上智」の証拠なんです。そこのところ、「利人」というところを、ちょっと外してみてください。

「わかるはずである」、これも「利人」の特徴であります。わからなくてもいいというところに、「鈍者」に、歩を進めてください。わかるわからないの問題ではない、そういうことと思っていただきたいのです。

まあ、馬鹿でもいいと言うのですが、なかなか馬鹿には徹しきれないものですね。「桶底を脱する」という言葉があります。桶の底を抜く。桶の底を抜いたらどうなる。桶の役割をしないでしょ。役に立たない人になれというようなことを、坐禅ではよく言うわけですね。松門寺でよく言う言葉では、意味を手放す、役に立つという意味から離れる。桶という意味を離れて、桶の底を抜く。そういうようなことを言うわけでありますね。
ここではみなさんに役に立つ人間になれと言っているのではない、役に立たなくてもここでは問題ないということを申し上げているわけです。ここでは役に立つという価値観は一切必要ない。桶底を脱する、下愚、鈍者になりなさい、そういうことなのです。

（平成二十八（二〇一六）年六月　松門寺坐禅會にて）

【提唱・十二】「祇管に參禪辨道すべし」とは

專一《せんいつ》に功夫《くふう》せば　正《まさ》に是《こ》れ辨道《べんどう》なり　修證《しゆしよう》自《おのずか》ら染汚《ぜんな》せず
趣向《しゆこう》更《さら》に是《こ》れ平常《びようじよう》なる者《もの》なり　凡《およ》そ夫《そ》れ　自界他方《じかいたほう》　西天東地《さいてんとうち》
等《ひと》しく佛印《ぶつちん》を持《じ》し　一《もつぱ》ら宗風《しゆうふう》を擅《ほしいまま》にす　唯《ただ》打坐《たざ》を務《つと》めて　兀地《ごつち》に礙《さ》えらる
萬別千差《ばんべつせんしや》と謂《い》うと雖《いえど》も　祇管《しかん》に參禪辨道《さんぜんべんどう》すべし

【大義】

專一の功夫が、そのままの本物の修行なのだ。それは何ものにも汚されることなく、趣くところは本来のその人なのである。自であれ他であれ、西であれ東であれ、その人がその人であるという佛の印をすでに持っているのであり、佛道を自在に受用している。そのなかにただの打坐を務めていまとなる。だからそれぞれが千差万別の人なのだけれども、それぞれがひたすらに修行すべきなのである。

この頃はお盆と言いますと、八月という印象を持っている方が多いのだろうと思いますけれども、もともとお盆というのは七月十五日ということになってますね。これはお経にそう書いてある。そういうことが書いてあるのですけれども、明治になって、暦が旧暦から新暦になったとき、明治五（一八七二）年の十一月に、「来月の十二月三日を新年の元旦とする」というような少し乱暴な布令が発せられたわけです。それでみなさんがけっこうあわてて、どうしようどうしようということになって、東京とか神奈川はやはり中央政府のお膝下だから、たぶん暦どおり新暦でやっていこうということになったんだろうと思います。けれども、地方はいろんな関係で、そういうようにはいかなくて、ちょうど十二月二日のあと、十二月三日が一月一日になった、だいたいひと月遅れということでありますので、お盆もひと月遅れでしたらいいんじゃないか、ということになったと思います。

まあ、松門寺は七月でもうお盆は終わったということです。七月の坐禅會の日程は少し変則的に毎年なるわけですけれども、また来年もそういうことになりますので、よろしくお願いいたします。これからは普通に戻って、七月だけがちょっと変則的に、第二日曜にはできないということでお願いいたしたいと思います。

この時間は『普勧坐禪儀』を読んでいるのですけれども、私は道元禅師を解説するわけではないんですね。道元禅師も、言葉で坐禅のことについて記述したものを残してあるわけで、どうしても言葉の限界がある。

「本来」というのは私たちが考える以前、ここでよく言うわけでありますけれども、言葉にする以前、考える以前、それが「本来」。「本来」ということを考えたら、もうそれは「本来」ではない。まあ、そういうようなことを言うわけです。「本来の自分自身」、「本当の自分自身」ということを考え始めたとき、それは考えた自分自身ということになっていくということを、よくお話するわけであります。

道元禅師は非常に優れた方でありますけれども、書かれた書物はやはり言葉であるということの欠陥もそこにある。やはり言葉どおりに後生大事にしていると、言葉にとらわれて、そういうことになってしまう。今日の冒頭のところなのですけれども、

専一《せんいつ》に**功夫**《くふう》せば　**正**《まさ》に**是**《こ》れ**辨道**《べんどう》なり　**修證**《しゆしよう》**自**《おのずか》ら**染汚**《ぜんな》せず
趣向更《しゆこうさら》に**是**《こ》れ**平常**《びようじよう》なる**者**《もの》なり

「専一に功夫せば」と書いてありますね。これがまあみなさん誤解を一番受けやすいところですね。「専一」、まあ一心になり一所懸命になって、そういうようなことを思いますね。「功夫せば」、功夫ということは何かをしなければいけないんだ、功夫すれば、「平常なる者なり」、本来の自分自身がそこに現れるんだ。まあ、一所懸命修行したならば、というふうに誤解されやすいわけですよね。

しかしながら、坐禅というものは、そういうものではない。みなさん方がここに初めて来るときも、いままで山へ登る道を一所懸命歩いてきた、坐禅というのは山へ一所懸命登る道ではなくて、登るところから降りてみる、山を下りる道、それが坐禅だということをよくお話するわけであります。

まず、「専一」ということは、状態を表しますよね。一心不乱、一所懸命、そうならなきゃいけないんじゃないかという誤解をひとつ受けます。集中していたって、集中していなくたって、本来の自己なんです。自己であることに変わりはない。集中しているときだけが本来の自己か、自分自身か、そんなことはありえない。

一心不乱、一所懸命になって坐禅をすることが坐禅だと思ってしまう、これはひとつの誤解でありますね。状態を求めてしまう。あるいは「功夫せば」と言っておりますが、何かをしなければならないと思ってしまう。まあ、確かに『正法眼蔵』の中には、あちこちに功夫せよということが書いてある。もし坐禅をするのが一番いい方法であるなら坐禅しなさいとか、一所懸命坐ることがいい方法ならそういうことを書くんだけれども、功夫という非常に曖昧な言葉が書いてある。

もちろん一所懸命勉強することも功夫だし、とことんやりつくす、やってみる、苦しいことをやってみるというのもひとつの功夫だし、そんなことはいらないよというのもまた功夫だし、それぞれがそれぞれに功夫するということが功夫なんです。

最後には、功夫なんてと言いますか、功夫ということから離れれば、功夫ということはどうでもいい、功夫なんて何をするんだ、そういうことが堂々と言えるならばそれでいいわけです。功夫しないところが本当の功夫ということですね。

ところが「功夫せば」と書かれると、われわれは何かをしなければならないと思ってしまう。みなさん方もよく「集中しないからだめなんだ」とか、まあいろんなことを言いますけれども、そんなことはない。足が痛いからだめだ。そんなこともない。眠いからだめだ。そんなこともないわけです。

「功夫せば」、この言葉によって、何かをするということにとらわれてしまう。一所懸命坐禅すれば、またその「れば」というのが余計ですね。条件になってしまう。すればなるんじゃなく、もともと本来の自分自身の真っ只中にいる。よく、水の中で水を求めるということを言いますけれども、もう私たちはその水の中にいるんだ、本来の真っ只中にいるんだということを忘れてはいけない。だから、この「れば」ということはいらない。

ですから、「一所懸命坐禅しさえすれば何とかなるんですか」というようなことを聞く方がありますけれど、なかなか答えに困るところなんです。まあ、一所懸命やってもらわないと困るわけですが、一所懸命と言うと一所懸命にやってしまう。だから本当に難しいんですね。

道元禅師が「専一に功夫せば」と言うのは、口が滑ったとはいえ、まあそういうことを言いがちなんですよね。そこのところをきちんと汲み取って、われわれは受け止めなければいけない。それが本当にわかればいいんだということですね。

道元禅師は「専一に功夫せば」ということを言っているけど、「そうじゃないよな」と、堂々と言える人になっていただきたいということであります。だから、ここでも本当にこの『普勧坐禅儀』を直訳してしまうと、とんでもないことになる。一所懸命坐禅することが悟りへの道なんだというようなことを思ってしまう。なかなか苦しいところであるんですよ。
「専一の功夫」が、それぞれのそのままの人を表すということを言っておきます。まさにこの言葉というのは、言葉の向こうにあるものを見る、本当のところを見るということでありますから、月を指す指である。月を見ればいいわけで、言葉を云々することはない。「平常」、普通の人だということですね。それぞれが普通の人だ、そのままの人である。だから、一所懸命坐禅すればそうなります、というんじゃない。それは次のところにも書いてありますね。

凡《およ》そ夫《そ》れ　自界他方《じかいたほう》　西天東地《さいてんとうち》

自分だとか、他人だとか、西であるとか、東であるとか、

等《ひと》しく佛印《ぶっちん》を持《じ》し

「佛印」というのは佛の印ということですね。悟りの印と言ってもいい。だれもが、その人がその人である。一番の本来というものの真っ只中にいる。それを「衆生本来佛なり」と白隠禅師が言った。本来は佛なんだけれども、「私」という考え、私はこう考える、

佛教について考える、坐禅について考える、そのことが私の本来のことを私の考えにしてしまっているということですね。もともとは、その本来ということの真っ只中にいて、何の不足もないんだけれども、私の考えがそれを邪魔している。

そういうことから離れて、「私」ということから離れてみれば、もともと佛印を持して、

一《もっぱ》ら宗《しゅう》風《ふう》を擅《ほしいまま》にす

佛道を自在に受用、受け止めて用いて。これも動詞としての受用ではなく、すでにその真っ只中にいるということでありますね。

唯《ただ》打《た》坐《ざ》を務《つと》めて　兀《ごっ》地《ち》に礙《さ》えらる

この「唯」というのがまた、悩ましい言葉ですよね。この次に「祇管」、ただひたすらという言葉がある。これもみなさんが誤解しやすい一番の言葉ですよね、「ただひたすら」。そうするとどうしても一所懸命集中してと、そういうことを思う。われわれが言う「本来」、本来の自分自身、本当の自分自身。もちろん集中していろんなことに向かうときもある。ぼーっとしているときもある。ぼーっとしているときは偽物なのか、偽物の自分自

身なのか。そんなことはありえないわけですね。

この「唯」というのは、どんなときでも「唯」、「唯」もないのが「唯」、「ただひたすら」ということもないのが「ただひたすら」ということです。一所懸命だとか、そんなことを言っていると、集中してとか、やはり自分の力が加わって、どうしようこうしようということになってくる。

自分というものの力が加わるときもあれば、普通のときは加わらなくてもいいわけです。ぼーっとしているとき、そのときも「ただひたすら」なんですね。本当の「ただひたすら」。そういうふうに「唯」になればいい。一所懸命「唯」になろうとする、それが「唯」じゃない。

「唯打坐を務めて　兀地に礙えらる」、「兀地」というのは、山が動かないさまを言うわけです。動かないということにさえられる。常に坐禅して動かない、動じない、そういうようなことを、「兀地に礙えらる」。動かないということに「さえられて」、私というものをさえぎられている。まあ、そういうことを「兀地に礙えらる」と言う。

萬別千差《ばんべつせんしゃ》**と謂**《い》**うと雖**《いえど》**も**　**祇管**《しかん》**に參禪辨道**《さんぜんべんどう》**すべし**

私たちは、それぞれがそれぞれの経緯をたどって、いまここにいるわけですね。いろんな方がいる。どういう方がこういうことができて、どういう方ができない。そんなことはありえない。それぞれが、どんなところにいても、何をしていても、本来ということの真っ只中にいるわけでありますから。

私なんかも最初の頃はそう思っていたんですけれど、悟りを開くというと、均一な人間、均質な人間になると思ってしまう方が多いわけですね。悟りすましてとか、そういう何か非常に静かな人間であるとか、そういうものを悟りと言ったりするわけですね。

坐禅では、その人がその人になるということをよく言います。その人がその人になる。それぞれの立場でその人が本来その人であった、そういうことですね。それぞれが、だれかになった、お釈迦さんになった、そんな心配をしなくていい。あるいはいままでの趣味を全部捨てなければいけないのかというと、そんなことはありえないですね。

考え方は考え方として、この世の中に生きているわけですから、十分そのことを発揮していただければいいわけです。それぞれに、職業を持っている方は職業に励んでいただければいいし、いろんな研究をされている方は研究に励んでいただければいい、それぞれのことでやっていけばいいわけです。

「萬別千差と謂うと雖も　祇管に參禪辨道すべし」、「祇管」の「祇」は「ただ」という字ですね。「管」というのは「ひたすら」という字で、「祇《し》(只)管打坐《かんたざ》」という言葉が有名でありますけれども、ただひたすら坐禅をする。これも非常に誤解を受けている言葉であります。一所懸命集中して坐禅をする、そういうようなことを目標とする坐禅會とか參禅の道場もよくあるわけです。

「祇管」ということは、そういうことではない。集中だとか、一所懸命、まあそういうことももちろんある。しかしながら「ただひたすら」ということにとらわれているのも、やはり「私」の力だということを忘れてはいけない。本当の「祇管」は、「祇管」もない、「ただひたすら」もない。

「參禪辨道」すると言うが、参禅弁道している、そういうことからも本当は離れてもらいたい。本当に悟りを開くということは、そういうことからも離れて、参禅弁道ということからも自由である、それが本来であるということであります。

まあ、だからこういう本も、道元禅師の本だからといってのんべんだらりと読んでいると、そういう一所懸命だとかそういうことにとらわれてしまう、ということであります。ここに書かれている言葉も、向こうの月を見る、そういうようなことで言っているわけで、道元禅師の言葉だけを大事にしない。道元禅師にたてをつければ、それでいいんですね。「これちょっとおかしいんじゃないの」と言えれば、それでいいんです。そんなところで、専一に功夫してください。

（平成二十八（二〇一六）年七月　松門寺坐禅會にて）

【提唱・十二】下山の路は上山の路

何《なん》ぞ自家《じけ》の坐牀《ざじょう》を抛却《ほうきやく》して　謾《みだ》りに他國《たこく》の塵境《じんきょう》に去來《きょらい》せん

若《も》し一歩《いっぽ》を錯《あやま》れば　當面《とうめん》に蹉過《しやか》す　既《すで》に人身《にんしん》の機要《きよう》を得《え》たり

虚《むなし》く光陰《こういん》を度《わた》ること莫《なか》れ　佛道《ぶつどう》の要機《ようき》を保任《ほにん》す　誰《だれ》か浪《みだ》りに石火《せつか》を樂《たのし》まん

【大義】

どうして自分自身の坐処の「いま」を放り出して、その他のどうでもよいことに右往左往するのだろうか。その一歩を間違えてしまえば、ずっと間違ったままだ。すでに人間の身となって佛法を聴ける立場にあるのに、むなしく時を浪費してはならない。そして佛道を得る機会をすでに持っているのに、火花のような一瞬のうちに消えていく快楽にどうしてうつつを抜かすのだろうか。

お釈迦さんのことを考えますと、お釈迦さんは釈迦族の王子様のようなお生まれで、おそらく不自由のない生活の中で育ったのではないかと思います。そして奥さんもあり子供もある。そういうなかであるとき、ふと疑問を起こしたと言われていますね。それが「四苦」、四つの苦しみ、「生老病死」ですね。家を出ると死人がいたのかもしれない、病人がいたのかもしれない、そういうことを目撃したのかもしれません。なぜ人は老いるのか、なぜ病になるのか、なぜ死ぬのか、なぜ生きるのか。四つの疑問を発したと言われています。そんななかで修行の旅に出る。各地の導師のもとを訪ねて、一所懸命修行をするわけですね。

しかしながら、お釈迦さんは、あるときそのことに「見切りをつける」と言いますか、修行をやめますね。そのときに山から下りて菩提樹のところで静かに坐っていたときに、

悟りを開いたと言われています。

日本に大智禅師という方がおられます。熊本の大慈寺というところにおられた大智禅師。その方がこういう偈をつくっておられます。

耿耿晴天夜夜星
瞿雲一見長無明
下山路是上山路
欲度衆生無衆生

耿耿《こうこう》たる晴天《せいてん》夜夜《やや》の星《ほし》
瞿雲《くどん》の一見《いっけん》無明《むみょう》を長《ちょう》ず
下《あ》山路《さんのみち》は是上山路《これじょうさんのみち》
衆生《しゅじょう》を度《ど》せんと欲《ほっ》するに衆生《しゅじょう》無《な》し

お釈迦さんの悟りを開いた様子が非常によく書けていると思います。「耿耿たる晴天夜夜の星」、お釈迦さんは明けの明星を見て、悟りを開いたと言われていますね。「瞿雲」というのは、ゴータマ・シッダルタのゴータマを漢字に直すと、この瞿雲という字になります。「一見無明を長ず」。

「下山路は是上山路」。いままで一所懸命修行をする道を歩いてきた、六年とかの苦行の道、いろいろな師を訪ねて歩いてきた。そこから「下山」、山から下りる、修行の道から下りる。ところがその修行の道から下りることが、本当の上山の道であった。このへんがこの句のうまいところですね。「下山路は是上山路」。

いままでずっと、修行、修行ということに明け暮れていた。しかしながらそれは、修行がどれだけできるかとか、どれだけ長くやったかとか、やはり世間の物差しによっていたということであります。それをやめることが本当の佛教の「上山の路」であった、というわけであるわけですね。

そんななかで今日の『普勸坐禪儀』を読んでみたいと思います。

何《なん》ぞ自家《じけ》の坐牀《ざじょう》を抛却《ほうきゃく》して　謾《みだ》りに他國《たこく》の塵境《じんきょう》に去來《きょらい》せん

私たちは「本来」ということをみなさんに申し上げるわけですが、「本来」ということは、探し求めるものではないわけです。私たちはその真っ只中にいるわけですから。「いま」ということ、自分のこの「いま」ということ、本来の真っ只中に間違いないわけです。しかしながら多くの人は、何か成果が欲しい、あるいは何かに気づくのではないか、あるいはこういう状態になるのが坐禅ではないか、そういうことを思ったりする。

それは、「自家の坐牀」ということ、「本来」の真っ只中にいる自分自身の居場所、それを放り出して、「他國の塵境」、どこかわけのわからない状態になろうとする、あるいは何かそういうものを待ったりすることであるわけです。

「何ぞ自家の坐牀を抛却して　謾りに他國の塵境に去來せん」。多くの人が自分の外に何かを求めてしまう。それは「本来」ということを見違えてはいませんか。どこかに「本来」があるんじゃないか、「本来の自己」というのはどこかにあるんじゃないか、と思ってしまう。

じつはお釈迦さんもそうでした。「生老病死」という疑問を持って、どこかに何かがあるんじゃないか、何かそういう教えがあるんじゃないか、そういうことを探し求めた。しかしながら、そういうことをやめて静かに坐ってみると、この「いま」こそが本物じゃないか、「本来」じゃないか、ということに気づくわけですね。

私たちも状態を求めたり、何かが来るのを待ったりすることは、「他國の塵境に去來せん」ということですね。よその国の「塵境」。「他國」というのは「外にあるもの」。何かそういうもの、「何か」であるもの、あるいは状態、そういうものは、「塵境」であるということでもあるわけですね。

坐禅をしたらどうにかなるんじゃないか、そう思っている人は「他國の塵境に去來」している。こういう状態になったらいいんじゃないか、そう思っている人も「他國の塵境」です。「いまここ」のことに気づいてください、それ以上のものはない。お釈迦さんも「上山の路」だと思っていたところが、それは本当の「上山の路」ではなかった。山から下りて、何かを求めるということから離れて、本来の自分のことに気づいたというわけであります。

「衆生を度せんと欲するに衆生無し」。お釈迦さんが悟りを開いた人であるのに対して、「衆生」はまだ悟りを開いていない人ですね。衆生を救おうと思ったら、どこにも衆生はいなかった。みんなそれぞれ「本来」の真っ只中にいたんだ。そのことに気づいたということですね。「大地有情と同時成道す」(11)と言ったことも、そういうことであるわけです。

若《も》し**一歩**《いっぽ》を**錯**《あやま》れば　**當面**《とうめん》に**蹉過**《しゃか》す

もしこの一歩を誤れば、一歩でもこの「他國の塵境」ということに踏み出そうとしてみれば、自分の「坐牀」を忘れて一歩を踏み出そうとすれば、「當面に蹉過す」、まあ間違ってしまう。

既《すで》に**人身**《にんしん》の**機要**《きよう》を**得**《え》たり

佛法というお話を聞くことができるのは人間だけである、その人間の姿をいま得ていて、ということですね。昔は、生まれ変わりということがありましたから、人に生まれたり、動物に生まれたり、悪いときには餓鬼とか、地獄に落ちたりする。そのときには、なかなか聞くことができないんだぞ、ということであるわけですね。たまたま人となってこのお話を聞いているんだ。

虚《むなし》く**光陰**《こういん》を**度**《わた》ること**莫**《なか》れ

「光陰」というのは時間のことです。無駄に時間をすごしてはならない。いつまた動物に生まれ変わってしまうかもしれない。そういう背景がここにあります。

佛道《ぶつどう》の**要機**《ようき》を**保任**《ほにん》す

人となって佛道に触れる本当の機会を持っている。

誰《だれ》か**浪**《みだ》りに**石火**《せっか》を**樂**《たのし》まん

一瞬の快楽、そういうものにうつつを抜かしている暇はない、ということであるわけです。まあ「石火」もいいですけどね。ちゃんとしたことがわかってから楽しんでください、ということです。順番を逆にしていると、ただただ虚しく時間をすごすだけですよ、ということでもありますね。

いいですね、「何ぞ自家の坐牀を拋却して　謾りに他國の塵境に去來せん」。まあ自分はどうなんだ、状態を求めていないか、何かを待っていないか、そこのところをよくよく考えていただきたい、ということであります。

みなさんが何かを求めているとしたら、一所懸命山に登ろうとしているのではないか、山に登って頂上の何かをつかもうとしているのではないか。しかしながら、坐禅は山から下りる道だ、「下山の路」が本当の「上山の路」であったということであるわけですね。大智禅師、日本の優れた方、熊本の大慈寺というところにおられた優れた方であります。

それでは時間になりましたので、坐禅に移っていただきたいと思います。

（令和元（二〇一九）年九月八日　松門寺坐禅會にて）

【提唱・十三】參學の高流

加以《しかのみならず》 形質《ぎょうしつ》は草露《そうろ》の如《ごと》く 運命《うんめい》は電光《でんこう》に似《に》たり 倏忽《しゅくこつ》として便《すなわ》ち空《くう》じ
須臾《しゅゆ》に即《すなわ》ち失《しっ》す 冀《こいねが》わくは其《そ》れ參學《さんがく》の高流《こうる》 久《ひさ》しく模象《もぞう》に習《なら》って
眞龍《しんりゅう》を怪《あや》しむこと勿《なか》れ

【大義】

それだけでなく、形あるものは草の露のようにたちまちに消えていき、人の運命も電光のように一瞬のうちに失われる。願わくは佛道を志すほどの優れた方々は、偽物の教えを受けて、本当の正師に疑いをかけてはならない。

少し余談なのですけれど、いろいろなお坊さんが法話をするのを聞いていると、よく世相を嘆くという話があるんですね。「いまの世の中は間違っている。なんとかせにゃならん」というところから始まるお話を、よく聞かれた方もあるのではないでしょうか。あるいはみなさんが、独参において私に「いまの世の中は間違っているじゃないか、教育も間違っている、政治も間違っている、そういうことを識者が言った、意見はないか」というようなことを聞かれる。私としてはちょっと困る。なぜ困るかと言えば、佛教というなかに、坐禅というなかに、こうあるべきだというものがないわけなんですね。こうあるべきだ、こうあらねばならぬ、ということを手放す。それが本来の佛教ということであるわけです。

私たちはどうしても、自分自身はこうあるべきだと思う、世の中はこうあるべきだと思う。しかし、こうあるべきだということの根拠は、意外に自分が決めたことであったりするわけです。自分がこうあらねばならぬと考えた、そういうなかでそういう答えだということです。

私たちはそれぞれが、「私」というものから発するいろんな考えを持ちます。私がこう考える。世の中はこうあるべきだと考える。あるいは自分自身がこうあるべきだと考える。お釈迦さんが言われていたのは、それは自分が自分を縛っている、自分自身から解き放されなさい、ということです。それが佛教の一番おおもとにあるわけです。

ですから、世の中、世相を嘆く、世相をどうしたらいいか、この世の中をどうしたらいいのか、それに対して、いろんな考えを述べる。そうするとどうしても、本来の佛教というものからどんどん離れていく。ですから私は、ここで政治的なお話をしたことはないと思います。あるいは、世の中はこうあるべきだ、人間はかくあるべきだ、そういうようなお話をしたことは一切ないと思いますね。むしろそれに触れることで、坐禅の本当のことからどんどん離れていく。

そういう、自分自身はこうあるべきだということを手放す、それが坐禅だということであります。ただ、それぞれが人間の社会の中で生きているわけですから、いろいろ困ることもある。それはみなさんがこの社会の中でどうしていくかということで、それぞれがお考えいただくことであり、私に問わないでください。そういうことです。

今日のところは、

加以《しかのみならず》　形質《ぎょうしつ》は草露《そうろ》の如《ごと》く　運命《うんめい》は電光《でんこう》に似《に》たり

「しかのみならず」、まあ、加えて以ってということですね。それだけではなく「形質」、形のあるものは、「草露の如く」、草の露のようなものである。朝、庭へ出てみると、草の上に露がある。夜露につつまれている。しかし昼になると、気温が上がって、そういうものはなくなってしまう。そういう常に消えてしまうものを、「草露の如く」と言う。私たち人間というものも、たとえば千年生きていた人なんて見たこともないわけでありますから、そういうものと同じようなものだということであります。形あるものは必ず滅びていく。

「運命は電光に似たり」、電光はここでは稲妻のようなものでありますけれども、一瞬のきらめきのうちに去ってゆく。

倏忽《しゅくこつ》として便《すなわ》ち空《くう》じ　須臾《しゅゆ》に即《すなわ》ち失《しっ》す

「倏」、「忽」、どちらもたちまちという意味ですね。たちまちに「空じ」、なくなってしまい、「須臾に即ち失す」。佛教では時間の単位のことを、刹那《せつな》と言ったりしますが、まあ「須臾」もそのひとつですね。刹那よりもちょっと長い時間ということでありますけれども、きわめて短い時間に、一須臾、二須臾というのがある。

長い時間をたとえるのは「劫《こう》」ということですね。囲碁で劫というのは、取ったり取られたりということを繰り返し、永遠に続くということから劫と言うわけです。

短い時間の代表が須臾とか刹那。そういう短い時間のなかに、失われていく。われわれも、すぐ死んでしまう、いつ死ぬかわからない。寿命を全うして死ぬということもあるけれども、ある日突然病気になって死んだりとか、そういうことは枚挙にいとまがない。

そういうなかで、みなさんが佛法というものに接している。まあ、急かすわけではないんですけれどね。急かしたからいいということもあるし、急かしたから悪いということもやっぱりある。あまり急ぎすぎて、ということもあるのですけれども。

冀《こいねが》わくは其《そ》れ參學《さんがく》の高流《こうる》

「其れ參學の高流」、坐禅を学ぶ「高流」というわけですけれども、貴い人たちを「高流」と言うんですね。禅宗のお寺の入り口の話をときどきしますが、玄関ということを言います。みなさんのお家でもいまは玄関と呼ぶわけですけれども、本当は玄関というのは、たいそうなことであります。「玄」というのは悟りの境地ということで、それに通ずる関門である、関所である、それで玄関と言うわけですね。ですから禅宗のお寺の玄関こそが、本当の玄関ということになるわけであります。

みなさんもお気づきになったかもしれませんけれど、松門寺の玄関の左に木板が掲げてあります。いまは字もちょっと薄くて見えなくなっているのですけれども、あの木板を叩いて入門を乞うというのが、われわれの雲水の作法であるわけなんですね。

そこに書いてあるのは、「一日賓主《ひんじゅ》となれば、終身これ佛祖」。賓主というのは、賓客。一日賓客となれば、終身これ佛祖である。賓客というのは一番大事なお客さん、それになれば終身これ佛祖ということが書いてある。お寺にとっての一番大事なお客さん。

永平寺でも賓客に接するところ、接賓ということを言います。永平寺には菊の御紋のある勅使門（唐門）というのがありますね。あそこが接賓かというとそうではなく、坐禅堂が接賓なんですね。本当の賓客というのは、修行する人であるということです。それに接するところ、坐禅堂こそが本当の賓客に接するところで、そして本当の賓客になる、本当に坐禅というものを明らかにする。一日賓主となれば、本当の客となれば、終身これ佛祖である。そのことがここの玄関にも書かれておるわけですね。

みなさんはそこを、その玄に通ずる関門、玄関を入ってきているわけでありますから、人間の寿命ということを考え、時をおろそかにすることはできない。みなさんは参学の高流であるわけですね。本当に法を求めて来た人であります。

久《ひさ》しく模象《もぞう》に習《なら》って　眞龍《しんりゅう》を怪《あや》しむこと勿《なか》れ

みなさんのなかには、いろんな坐禅會へ行ったことがある方も多いと思います。本当にいろんなことを言う人たちがいるわけですね。まあみんな正しいと言っているわけで、結局最後は、自分で模象であるか真龍であるか、そのことを見極めなければいけない。本当にこの人についていこうかどうか、それはやはり自分で決めていただきたいということであります。

「久しく模象に習って、眞龍を怪しむこと勿れ」。そして真龍と決めたら、そこで本当の修行をする。そういうことであるわけですね。われわれは草露のごとく、あるいは稲妻のごとくの運命である。そういうなかで、しっかりやってください。そういうことであります。「虚く光陰を度ること莫れ」、そういう坐禅を一所懸命お務めくだされればよろしいかと思います。

「一日賓主となれば、終身これ佛祖」、本当のことを明らかにする、終身これ佛祖である、ということであります。こうあるべきだ、あるいは、こうあらねばならぬ。そういうところを脱ぎ捨てて、本当の赤心、無垢の心でもって坐禅をしていただければ、必ず坐禅というのは成就するものである、しないはずがない。ただ、「私」という力が加わるから、どうしてもこうあるべきだ、あるいはこうあらねばならぬというところに陥ってしまう。そこだけなんですね。

そういうなかで、みなさんは「參學の高流」ということでありますから、それぞれが、それぞれの坐禅をするということに徹していただきたい。徹すれば必ずできるものであるということであります。よろしくご修行のほどをお願いいたします。

（平成二十八（二〇一六）年九月　松門寺坐禅會にて）

【提唱・十四】何でもない自分自身

直指端的《じきしたんてき》の道《どう》に精進《しょうじん》し　絶學無爲《ぜつがくむい》の人《ひと》を尊貴《そんき》し　佛佛《ぶつぶつ》の菩提《ぼだい》に合沓《がっとう》し

祖祖《そそ》の三昧《ざんまい》を嫡嗣《てきし》せよ　久《ひさ》しく恁麼《いんも》なることを爲《な》さば

須《すべか》らく是《こ》れ恁麼《いんも》なるべし　寶藏《ほうぞう》自《おのずか》ら開《ひら》けて受用如意《じゅようにょい》ならん

【大義】

言葉によらず直接端的に示される佛道に精進し、何かを学ぶこと、何かを為すこと、「私」を離れた正師を敬い、佛の道に合流し、祖師方の境地を受け継ぐのだ。かくのごとくであれば、まさにかくのごとくの本物に違いない。本当の宝物の倉は、もうすでに自ずから開いていて、この宝物を受けることも用いることも意のごとくなのである。

席を持っている方がですね、普通は五、六人休むのでやり繰りがつくんですけれど、今日はほとんど欠席がない。それで誠に申し訳がないのですが、席を持っている方も、ちょっと外単で坐っていただくことになります。中は満員になりました。よろしくお願いいたします。

それともうひとつ、この頃足が痛いという方がときどきおられて、椅子で坐禅をしたいと言うんですね。私としては、なるべく作法どおりの坐禅の姿になったほうがいいとは思います。椅子の坐禅というのはどうしても身体の自由度が高いので、ちょっと心の安定ということからも、そんなことではもちろんいけないことではありますけれども、初めての方はそういう傾向にあります。なるべくならきちっと足を固めて坐るのがよろしいと思いますけれども、そういう方がこの頃多いので、本堂の廊下のところに特別の場所を用意しました。

本堂に入って廊下がありますね。そこの階段を下りて、左に行ったところに、真ん中に椅子が置いてありますので、ちょっと狭いんですけれども、障子に向かって坐っていただければいいということです。一人そういう方がおられますが、椅子を必要とされる方は、遠慮なく言っていただきたい、こう思います。

先ほど申しましたように、なるべくは坐禅堂の中で普通のとおり坐るというのがよろしいと思います。正座でお尻に坐蒲を挟んで坐るという方もおられますが、それでもけっこうです。なるべく椅子ではないほうが私はいいと思いますけれども、椅子も利用していただければと思います。

この時間は『普勧坐禪儀』を読んでおりますけれども、今日で最終のところになりました。道元禅師が中国から帰って、最初に日本に坐禅を勧めよう、「普く坐禅の儀を勧める」という、普勧坐禪儀ということです。非常に端的な文章であり、坐禅のやり方とともに、これでもう道元禅師の教えはすんでいると言っても過言ではない、そういう本であります。

今日のところは最後の締めくくりということで、

直指端的《じきしたんてき》の**道**《どう》に**精進**《しょうじん》し

「直指端的」。「端的」、非常に簡潔である。「直指」とは、直接指し示している、回りくどいことがひとつもない。まさに「直指端的の道に精進し」。坐禅、佛教のことを言っているんですけれども、佛教というのも、年代をふるごとに大乗佛教という、非常に込み入った教えになってゆくところがあります。けれども、本当の佛教というのは、直指端的である。本来の自分自身、そのことに気づいてくださいということだけであるわけですね。本来の自分自身、どこにある、ここにある、いまここにある。そのことを直接に、端的に示している、それが佛道であるということです。まあ私たちは佛教というといろんなことを考えますけれども、本当にいまここのこと、いまここの自分、そのことに気づきなさいということであるわけですね。

絶學無爲《ぜつがくむい》の人《ひと》を尊貴《そんき》し

そして、「絶學無爲の人を尊貴し」。『證道歌《しょうどうか》』(12)に「絶學無爲《ぜつがくむい》の閑道人《かんどうにん》」というのがあります。何かを学ぶのではない、「無爲」、何かをするのではない。

よくこういう坐禅會に参加しますと、何かを得ようとしたり、何かを学ぼうとしたり、何かをしようとしたりする。それは、大学とか、講座とか、そういうようなところですることである。ここの坐禅會というのは、学ぶことはない。なすこともない。しかも、学ぶということから離れる。何かをなすということから離れる。それが坐禅であり、佛教であるということですね。

学ぶことの絶えた人、なすことのない人、その人を尊貴するんだ、その人についていく。その人が正師であるということである。私たちはどうしても何かを学ぼうとしてしまう、何かをしようとしてしまう。そのことから、学ぶことから離れ、なすことから離れる。それが佛教の一番おおもとである。

「私」というもの、いつも主語があって、動詞があって、目的語があるなかに、私たちは何かをしようとするわけですね。あるいは何かであろうとする。そのことから離れる。「私」というものから発する欲というものから、学ぶという欲から、なさねばならないという欲から離れるのである。それが坐禪であり、佛教であるということであるわけですね。

「絶學無爲の人を尊貴し」、そして、

佛佛《ぶつぶつ》の菩提《ぼだい》に合沓《がつとう》し

ずっとお釈迦さんから続いてきた本当の道、それに合流するのである。達磨さん、あるいは佛祖、臨済あるいは道元禅師、そういう方がいろんな努力をなされてその道を受け継いできた、その道に、「菩提」、道ですけれど、その道に合流しましょう。一緒になりましょう。

祖祖《そそ》の三昧《ざんまい》を嫡嗣《てきし》せよ

「祖祖」、祖師方、坐禅を受け継いできて、それを伝えた方々を祖と言いますけれど、「祖祖の三昧」、道元禅師の境地、六祖の境地、達磨さんの境地、お釈迦さんの境地、そういうものを「嫡嗣せよ」。しっかりと受け継ぐのである。学ぶことを受け継ぐのではない、なすことを受け継ぐのではない。そういうものから離れる。離れて本来のところを見る。本来の自分自身に気づく。そのことを受け継いでいきなさい。

久《ひさ》しく恁麼《いんも》なることを爲《な》さば　須《すべか》らく是《こ》れ恁麼《いんも》なるべし

まあ、口の悪い人は、ここでも「爲さば」、無為じゃないじゃないかというようなことを言いますけれども、私たちはどうしても言葉で伝えなければいけない。どうしてもこういう「爲さば」ということが出てきます。

まあ、よくみなさんに申し上げることですけれども、私たちは言葉を研究すべきではない。言葉の先にある月を見るんだ。道元禅師が指し示している月を見るんだ。一緒に月を見ましょう。言葉を一所懸命研究しても、何も出てきません。言葉を学んでも出てきません。一緒に、道元禅師が言葉によって指し示している、月を見ましょう。

それが「久しく恁麼なることを爲さば」です。「かくのごとくであれば、まさにかくのごとくの本物に違いない」。『普勸坐禪儀』の大義、訳とは言えないような訳ですね。本当に逐一訳していたら、みなさんも『普勸坐禪儀』の研究者になってしまうんじゃないですか。まあ少し適当に訳してあります。まあこのようであればまさに本物に違いない、そこのところを見なさい。

寶藏《ほうぞう》自《おのずか》ら開《ひら》けて受用如意《じゆようによい》ならん

それぞれが宝の蔵を見つけてそれを開くのではない。もともと持っている宝の蔵に気づくのである。自分自身、いまかくのごとくである。本来の自分自身、何でもない自分自身、何かである自分自身ではない。何かをする自分自身、何かを学ぶ自分自身ではない。何でもない自分自身、そのことに気づいてくださいということであるわけですね。

何でもない自分自身、それこそが私たちの宝蔵である。宝の蔵である。こうあるべき、これをなさねばならぬ、そういうことによって狭められた自分自身、自分自身に縛られた自分自身ではない。何でもない自分自身という本当の宝の蔵、それを私たちが開くのではない。私がそれを開くのではない。もともとそこに開いているじゃないか。何でもない自分自身がいまここにあるじゃないか。

「受用如意ならん」、受けるも用いるも、「如意」、意の如くである。まあ使い放題である。本物の宝、宝物を手にすれば、自分自身の宝というものを使い放題である。自分自身はこうあるべきだ、あるいはこういうことであらねばならぬということで狭め、本当の何でもないということを見失ってはなりません、ということでもあるわけですね。

まあそういうようなことで、みなさんも最後の四行を胸に、今日初めて来られた方も、『普勧坐禪儀』のすべてがこの四行に詰まっているということです。

直指端的《じきしたんてき》の**道**《どう》に**精進**《しょうじん》し　**絶學無爲**《ぜつがくむい》の**人**《ひと》を**尊貴**《そんき》し
佛佛《ぶつぶつ》の**菩提**《ぼだい》に**合沓**《がつとう》し　**祖祖**《そそ》の**三昧**《ざんまい》を**嫡嗣**《てきし》せよ
久《ひさ》しく**恁麼**《いんも》なることを**爲**《な》さば　**須**《すべか》らく**是**《こ》れ**恁麼**《いんも》なるべし
寶藏《ほうぞう》**自**《おのずか》ら**開**《ひら》けて**受用如意**《じゅようにょい》ならん

「恁麼」というのは、中国の俗語で「かくのごとく」、よく「如是」と訳したりします。「久しくかくのごとくならば、須くこれかくのごとくである」。このようであればこのようである、ということであります。「寶藏自ら開けて」、自《みずか》ら開くのではない、自《おの》ずから開く。「受用如意ならん」、まあ使い放題、どうぞご自由にお使いください、ということであるわけであります。

『普勸坐禪儀』、いま夜坐の最後に読んでおりますが、道元禅師がわれわれにお示しになっているそれぞれの言葉、大事なのはそれを学ぶことではない。学んで覚える、そんなことはどうでもいい。この『普勸坐禪儀』が指し示している月を見るんだ。みんなで本物の月を見ましょう、本来の自己という月を見ましょう、本来という月を見ましょう、ということであります。

言葉がどうだとか、そういう詮索をすることをやめて、まさに「絶學」、そして何かをなすことから離れる。それが坐禅だということであります。学ぶことであれば、あるいはなすことであれば、ここのほかで十分できることである。ここでしかできないこと、それは学ぶことから離れること、なすことから離れること。何でもない自分自身、本来の自分自身というものに気づいてもらう、そのことだけです。

われわれはどうしても欲というものがありますから、何かを知りたい、わかりたい、そういうことが先立ってしまう。しかし、ここではそういうことは一切いらない。それが本当の坐禅ということであります。本当の「直指端的の道に精進し」、そういうことをなしとげていただきたい。
それではそろそろ時間になりましたので、坐禅のほうに。

（平成二十八（二〇一六）年十月　松門寺坐禅會にて）

【註】

(1) 天童如浄《てんどうにょじょう》禅師(一一六二−一二二七) 雪竇《せっちょう》智鑑《ちかん》禅師の法嗣。一二二四年から天童山景徳寺の住職となり、そのもとで道元禅師が一二二五年から修行し、印可を受けた。『正法眼蔵』などの道元禅師の著述には、きわめて厳格な如浄禅師の風貌が伝えられている。

(2) 典座《てんぞ》 禅院で修行僧の食事をつかさどる職位。『典座教訓』は、道元禅師が宋からの帰国後最初に開いた寺である宇治・興聖寺で、嘉禎三(一二三七)年に典座の役職について撰述した書。

(3) 臘八摂心《ろうはつせっしん》 釈尊が十二月八日に悟りを開いたとの故事にちなんで、十二月一日から八日まで、余事を絶っておこなわれる坐禅修行。

(4) 独参《どくさん》 学人が師家の室に単独で入って、公案についての所解を呈すること。

(5) 原田《はらだ》雪溪《せっけい》老師 大正十五(一九二六)年、愛知県岡崎市に生まれる。昭和二十六(一九五一)

年、曹洞宗發心寺《ほっしんじ》住職原田雪水老師に就いて出家得度。昭和二十八（一九五三）年、浜松市龍泉寺住職井上義衍《ぎえん》老師に参禅。昭和三十二（一九五七）年、井上義衍老師より印可証明を受く。昭和四十九（一九七四）年、發心寺住職、發心寺専門僧堂堂頭。昭和五十一（一九七六）年、發心寺専門僧堂師家となる。

（6）『無門關《むもんかん》』 中国南宋時代の無門慧《むもんえ》開《かい》禅師（一一八三－一二六〇）によって編まれた公案集。

（7）六祖《ろくそ》 大鑑慧《だいかんえ》能《のう》禅師（六三八－七一三）。中国禅宗の初祖達磨大師から数えて六代目にあたるので、六祖と呼ばれる。五祖大満弘忍《だいまんこうにん》禅師の法嗣。青原行思《せいげんぎょうし》禅師、南嶽懐《なんがくえ》譲《じょう》禅師、永《よう》嘉玄覚《かげんかく》禅師、南陽慧《なんようえ》忠《ちゅう》禅師ら、多くの弟子を育てた。

（8）徳山宣鑑《とくさんせんかん》禅師（七八〇－八六五） 龍潭崇信《りゅうたんそうしん》禅師の法嗣。金剛経に通じていたが、南方で坐禅が盛んであるのを聞いて論破しようと赴いたときに、餅売りの老婆に問答を仕掛けられた。老婆が問うに、金剛経に「過去心も不可得、現在心も不可得、未来心も不可得」とあるが、あなたは餅（点心）をどの心に点ずるのか。これに徳山禅師は答えることができなかったので、経を捨ててあらためて坐禅を修行したという。『正法眼藏』の「心不可得」の巻に、この問答が引かれている。

（9）南嶽懐譲《なんがくえじょう》禅師（六七七－七四四） 六祖大鑑慧能禅師の法嗣。弟子に馬祖道一《ばそどういつ》禅師がいる。本文に出てくる一所懸命坐禅している弟子は、馬祖禅師。

（10）『寶慶記《ほうきょうき》』 道元禅師が、南宋の理宗代の年号「寶慶」の元年（一二二五）に天童如浄禅師に参見してから得法帰朝するまで、随時書きとめた手控え書。

（11）大地有情《だいちうじょう》と同時成道《どうじじょうどう》 釈尊が菩提樹のもとで悟りを開いたときに言ったといわれる言葉。『正法眼蔵』の「行持」、「古鏡」、「渓声山色」、「発菩提心」などの巻に引かれる。

（12）『證道歌《しょうどうか》』 永嘉玄覚《ようかげんかく》禅師（六七五－七一三）著。永嘉玄覚禅師は六祖の法嗣の一人で、同書は、三祖鑑智僧璨《かんちそうさん》禅師が著したとされる『信心銘』とともに、中国禅初期の本格的著述として知られる。

註は、『禅学大辞典』（大修館書店）などをもとに、編集担当が作成しました。

おわりに

本書に収録した『普勧坐禪儀』をもとにした提唱は、平成二十七（二〇一五）年から平成二十八（二〇一六）年にかけておこなわれ、西原美一（美道）居士によって録音・文章化されました。

西原美道居士は物理学の教授で、松門寺坐禅會の初期から、はるばる茨城県から参禅された方でした。その回数は、十九年間にわたり計百七十三回に上ります。平成二十九（二〇一七）年、残念ながらお亡くなりになりました。冥福をお祈り申し上げます。

なるべく元のかたちで掲載いたしました。それぞれの題名は西原美道居士がつけたものです。なお西原美道居士が三回ほど欠席されましたが、後に再度提唱録音し、兼子正勝（正道）上座によって文章化されました。

また編集から出版にあたり、兼子正道上座、佐々木元也（元道）居士にご協力をいただきました。西原美道居士に弔意を捧げるとともに、お二方に感謝申し上げます。

立花知彦（たちばな・ちげん）

曹洞宗准師家。鶴壽山松門寺住職。

昭和二十五（一九五〇）年生まれ。東京工業大学理学部卒業。曹洞宗大本山總持寺本山僧堂にて修行。福井県小浜市發心寺専門僧堂堂頭原田雪溪老師に師事。發心寺後堂を経て、現在、松門寺にて坐禅會を主宰、栃木県鹿沼市瑞光寺にて眼藏會講師を続ける。

著書に『正法眼藏提唱』（唯学書房）がある。

鶴壽山松門寺
東京都八王子市片倉町二一一二番地
TEL　〇四二－六三五－一三六三
HP　http://www.shomonji.or.jp/

普勧坐禅儀提唱

二〇二〇年七月三一日　第一版第一刷発行

＊定価はカバーに表示してあります。

著者　立花知彦

発行　有限会社　唯学書房
〒一一三‐〇〇三三
東京都文京区本郷一‐二八‐三六　鳳明ビル一〇二A
TEL　〇三‐六八〇一‐六七七二
FAX　〇三‐六八〇一‐六二一〇
E-mail yuigaku@atlas.plala.or.jp

発売　有限会社　アジール・プロダクション

デザイン　米谷豪

印刷・製本　中央精版印刷株式会社

ISBN978-4-908407-31-4 C0015